U0953179

文化昭通

大关

【文化昭通】

总策划 杨亚林 郭大进
主编 王忠
本卷主编 罗俊林 柳毅

乌蒙雄关古道 中国瀑布之乡

云南出版集团
云南人民出版社

“文化昭通”丛书编委会

总 策 划 杨亚林 郭大进
主　　编 王 忠
副 主 编 尹朝禹 吴 静
执行主编 朱大庆 郑 萍 吕亚平
总 监 制 李 维
监　　制 江庆波

编　　委 李 勇 艾自由
编　　务 王嫣霏 张荣炯 陈文超 杨恩智 文 鹏

文化昭通 · 大关

本卷编委会

本卷策划 陈 刚 雷楚英
本卷主编 罗俊林 柳 毅
本卷副主编 王孝林 黄 鑫
本卷执行主编 王孝林
本卷执行副主编 梁栋永 何自安

本卷编委 赵廷臣 宋廷波 宋晓铭 尤福昆 周元江 罗昌华 岳跃强 金国龙 何春波
本卷摄影 周元江 罗昌华 岳跃强 金国龙 孙向荣 刘子发
本卷编务 张 兰 向丽萍 马 鑫 程公林

大关

图书在版编目（CIP）数据

文化昭通．大关 / 罗俊林，柳毅主编．-- 昆明：云南人民出版社，2019.6
ISBN 978-7-222-17224-1

Ⅰ．①文… Ⅱ．①罗… ②柳… Ⅲ．①地方文化－大关县 Ⅳ．①G127.743

中国版本图书馆 CIP 数据核字 (2018) 第 099738 号

创意策划： 云南出版集团公司产业发展部

出 品 人： 赵石定
责任编辑： 刘 焰 雷敨星
设计总监： 袁亚雄
装帧设计： 李乐乐 熊小熊
责任校对： 陈春梅
责任印制： 窦雪松

文化昭通·大关
WENHUA ZHAOTONG DAGUAN

主编： 罗俊林 柳 毅
出版： 云南出版集团 云南人民出版社 **// 发行：** 云南人民出版社
社址： 昆明市环城西路 609 号 **// 邮编：** 650034
网址： www.ynpph.com.cn **// E-mail：** ynrms@sina.com

开本： 787mm×1092mm 1/16 **// 印张：** 17.25 **// 字数：** 248 千
版次： 2019 年 6 月第 1 版第 1 次印刷
印刷： 云南出版印刷（集团）有限责任公司 云南国方印刷有限公司

书号： ISBN 978-7-222-17224-1 **// 定价：** 79.00 元

如需购买图书、反馈意见，请与我社联系
总编室：0871-64109126 发行部：0871-64108507 审校部：0871-64164626 印制部：0871-64191534
版权所有 侵权必究 印装差错 负责调换

云南人民出版社微信公众号

总序

600万年前，地球这颗星球还是一片蛮荒。

现今的昭通坝子是野生动物的乐园。

猿、麋鹿、貘、剑齿象、犀牛、河狸、水獭在这里生生灭灭。

太古蛮荒，日长如年。

星球旋转，时序更迭。

几百万年的岁月就这样过去。

10万年前，昭通过山洞一带，有了“人”。他们从哪里来，不知道；他们怎么生活，不清楚。

昭阳巡龙湾、鲁甸野石、巧家小东门等石器时代遗址的发现，让历史的蒙昧天幕依稀闪现出了一丝文明的曙光。

人类在繁衍，母系、父系，生生不息。

部落在迁徙，登山、涉水，寻求更好的环境。

公元前7世纪的春秋早期，中原已是“郁郁乎文哉”，滇东北高原还是一片黑暗。

一个人，一个部族的出现，改变了这一切。

他，就是杜宇！

昭通有文字记载的历史从此开始。

杜宇“从天堕，止朱提”，拂去神话的色彩，应是一个在西南大地上迁徙的部族。他或他们在朱提——昭通坝子的突然出现，揭开了昭通文明史新的一页。

足音如雷，人声鼎沸；筚路蓝缕，以启山林。

从此，弹丸之地的昭通和中华文明的母体，紧紧连在了一起。

来也匆匆，去也匆匆。

稍事休养生息后，杜宇，又带着他的部族北上了。

如果说，文明是人与自然结合的产物，是人在自然界留下的痕迹，那么，杜宇刻在昭通的痕迹，是既深且重了。

这条痕迹在滇东北的密林深箐，崇山巨壑中往北延伸，进入川南，直达成都。

这，就是五尺道的前身。

不管后人把这条道路叫作海见之路、盐铁之路，抑或是茶马之路、丝绸之路，但它实实在在是一条羊肠小道，是一条文明的脐带。

而这条路，是杜宇和他的部族，用脚板走出来的。

昭通，是这条文明脐带上的一个重要节点。

整个春秋战国时代，正是这一条血脉，联系了中原和南滇，尽管有时它似乎微弱得似有若无。

公元前4世纪末，李冰为蜀守，修筑了闻名于世的都江堰。但，不要忘记，他还有一个功劳，就是修筑了从僰道（今宜宾）通往滇东北的道路。

又过了百年，到公元前3世纪末，秦始皇“席卷天下，包举宇内”，海内一统，雄才大略的他又把眼光盯在了这条道路上，他派常頞在李冰修筑的基础上，把路往南延伸，“五尺道”初步定型。并在“诸此道颇置吏焉”，秦王朝的触角伸向了这里。

昭通“锁钥南滇，咽喉西蜀”，成了中原通向云南的桥头堡。汉文化、西南夷文化在这里交融，碰撞出了绚丽的火花。

文化昭通的滥觞从这里开始。

西汉王朝设郡置县，通道置驿，移民屯田，中原的先进文化随着铜铁竹木、僰僮髦牛的贸易，源源不绝输入这里。西汉末，文齐率夷汉人民“凿龙池，溉稻田”，说明农耕文化已然发展。

东汉，随着南中大姓的兴起，汉文化已扎根这片大地。灿烂的朱提青铜文化，使昭通成为名副其实的“中国汉洗之乡”。被誉为“南中瑰宝”的东汉《孟孝琚碑》是儒风吹拂高原的明证。它那理性而悲愤的文字内容、沉郁而厚重的书法风格，连同朱提青铜器那精美的制作工艺，至善至美的工匠精神，给昭通文化不小的影响。

东晋“霍承嗣壁画墓”中的夷汉部曲壁画形象，是夷汉文化在昭通进一步融合的明证。这时的昭通“其民好学，为南中冠冕”，文化的发展已然走在云南的前列。

当然，文化的发展从来是不平衡的。五尺道沿线及坝区的居民点，受汉文化影响较深，南中大姓基本沿用内地的生活方式，而边远山区的一些部族，到了晋代依然还是“食肉衣皮、言语服饰不与华同”。

南北朝至隋唐，随着中原王朝的衰微，“夷强汉弱”，文化的发展亦进入低谷。

唐宋昭通夹在中原王朝及云南地方政权南诏、大理之间，天高皇帝远，除豆沙关留下一小块唐袁滋摩崖刻石外，未发现更多的史料及文物。

宋、元、明三代，昭通与中原多数时间“荒梗不通”，成为乌蛮土司“争官夺印”、互争雄长之地。生产力停滞、倒退，文化建设上亦乏善可陈。

清雍正年间的“改土归流”，无疑是昭通政治、经济、文化发展史上的一个分水岭。流官、营兵、垦户、矿厂的大量入昭，带来了汉文化的再度复兴。“乌暗蒙蔽”变而“昭明通达”，昭通迎来了历史上第二个文化的高峰，从而开昭通近代文化之先声。

民国昭通作为云南高层领导龙云、卢汉的故里，素有“小昆明”之称。云南作为抗战的后方，大量南渡北归的文化人经过，为昭通带来了文化的新气息，使昭通文化的发展，比肩于内地发达地区。

改革开放后，惊雷声声，万绿齐萌于沃野；春风忽渡，鲜花竞放于高原。“昭通作家群”的异军突起，标志着昭通文化进入了一个希望的春天。

回眸昭通文化，它像一条历史长河，千折百回，跌宕起伏。时而惊涛裂岸，时而幽咽泉流。有辉煌也有暗淡，有厚重也有单薄，有前进也有停滞。

凝视它，有欣喜也有苍凉。

我们没有理由妄自菲薄，我们更不该夜郎自大。

昭通文化，是一个复合多元的文化，是生活在这块土地上的各族人民共同创造的。这条文化的长河，流淌着生活在这块土地上的各族人民的心血和汗水，是各族人民共同创造的结晶。

从杜宇部族脚下的草莽小径，到蜿蜒曲折的五尺道，到今天的高速公路、铁路、航空线，文化的脐带愈来愈宽阔、愈来愈结实。

交通，与昭通文化的关联太紧密了。

昭通、昭通，不昭不通，不通不昭。

昭明，才能通达；通达，将更加昭明。

一个更开放、更包容的社会，将更有助于昭通文化的繁荣兴旺。

在前进的道路上，我们既要回望传统，又要放眼未来。

要守住自己的根，也不要小视别人的果。

要有文化的自信，更要有文化的自省。

这样，我们才能长大。

序

厚重深远的关河文化

在云南、贵州、四川三省接合部的滇东北昭通地区，峰峦林立、沟壑纵横，有一条穿越其间、纵贯腹心而入金沙江的河流——关河，这条河流携手“五尺道”，连串一个个关隘和驿站，从实物、习俗、制度、精神等层面演绎了厚重的流域文化，即“关河文化”。关河文化是关河沿岸人民生活的反映、活动的记录、历史的沉积，是关河沿岸人民认识自然、思考自己的结晶，是关河沿岸人民精神得以承托的框架，是关河沿岸人民的精神家园。解读“关河文化”首要的就是从精神层面进行解读，既要弄清“关河文化”的范畴、意蕴及其渊源，又要掌握“关河文化”效应，更要探索升华“关河文化”的途径。

❶ 关城神韵

❷ 大关县城远眺

1

2

1 滇川交通枢纽——岔河立交

2 关河天堑变通途

3 寿山字库塔

4 大旗山

“关河文化”的范畴和意蕴

关河古称朱提江，发源于五莲峰南段的鲁甸水磨乡大海子，流经鲁甸、昭阳、大关、盐津、水富等县（区），在鲁甸境内称龙树河，在昭阳境内称洒渔河。在大关、盐津至水富县两碗乡一段称关河，两碗乡以下称横江，最后至水富入金沙江。“关河文化”主要是大关、盐津的关河两岸人民生活的反映、活动的记录、历史的积沉。

关河从水磨乡大海子一路走来，穿山越岭、闯关隘、过驿站，在开拓自己的道路，走向外部的世界，达到理想的目的地的同时，开辟了关河流域。众多的驿站、高山、关口、关隘是关河流域突出特点。关河流域是一个被人们称之为雄山大水、高天厚土、烟波浩渺、大气磅礴、关山险隘的特殊地方，从这个角度上说，“关河文化”就是关隘文化、峡谷文化、过道文化、驿站文化和河流文化。

秦始皇统一全国后，为加强中原地区和西南地区的联系，开筑了一条由四川盆地通向云贵高原的重要道路，因道宽五尺，故名“五尺道”。史称“要经五尺道，必闯数大关”，这就告诉世人，关河以流经众多的关口、关隘、关卡、关寨得名。所谓“关”，《说文解字》的解释是：“关，以木横持门户也”，就是用大木棍将门卡住。清代学者顾祖禹在《读史方舆纪要》中对“关”的描述为：“其边墙皆依山凑筑，大道为关，小道为口，屯军曰营，列守为砦。”由此可见，“关”就是关闭、阻断人员往来之意，大门一关，门杠一顶，里面和外边就隔绝了。唐朝天宝年间爆发南诏叛唐战争后，中原和边疆的大门关闭了，这一关就是40多年，到了贞元十年（794年）袁滋受命出使南诏，才重新开启了中原和边疆的大门。

关河沿岸呈V形地势，正如《民国大关县志稿》所载：“势若建瓴，居高驭下，两山夹峙。”“群山集聚处，烟雾缭绕地，万仞

云台山五尺道

绝壁连天立，长蛇蜿蜒千山间”是人们对关河形象化的描述；“云自脚下流，路向绝壁裁，灰岩立天地，野花壁上开”是人们对关河的点赞；“再深一些，就抵达了海平线，再高一些，就触摸到了天空”是居住在关河流域的“关河人”的自豪。

自秦开“五尺道”，“南方丝绸之路”就与关河并肩而行，从先秦到现在，无数的马帮过后，留下无数深深浅浅的马蹄痕迹，演绎着动与静的精彩大戏：杜宇从这里带领他的部族北上，在成都建立了蜀国；诸葛亮用兵南征，七擒孟获，从这里凯旋；忽必烈挥师迂回，包抄南宋，完成元朝的统一；明太祖数十万士兵平定云南，鄂尔泰“改土归流”；护国军北上讨伐国贼，姜亮夫只身入蜀求学，成为一代国学大师；龙云崛起炎山，成为云南王……他们走的都是这条路。

在“五尺道”这个“南方丝绸之路”上，各路商贾云集，盐、干货、布匹、粮食、茶叶，还有轿夫摇落的新嫁娘的胭脂，浸泽着、滋养着镶嵌“五尺道”各个驿站。带血的铜鼓声，追逐、吆喝、呐喊声，从独守在险峻峡谷的驿站里溢出，一种荡气回肠的英姿，汇聚在雄性的山崖上，定格成一道亮丽

黄葛溪铁锁桥

凄美的风景。驿站默默地履行着与当今现代社会异曲同工的“邮政系统”“高速公路的服务区”“货物中转站”“物流中心”等职责。

“关河文化”的渊源

《易经》云，“观乎天文，以察时变；观乎人文，以化成天下”。凡“文化”都是与人类联系在一起的，关河就本身来说，它是一条自然的河流，是一种自然资源，只有关河与关河人民发生了联系，关河儿女对关河有了接触、认识和思考，有了利用关河、治理关河、管理关河、保护关河、欣赏关河、亲近关河的行动实践，才会产生关河文化。也就是说，关河文化是伴随着人类与之相关的实践活动产生的，关河文化从人类在关河两岸的活动起源，同中华人类的起源一样漫长；关河文化的主体是人与河流的互动，反映的是人与关河、人与人的关系。实际上，关河文化的主体都是人，关河文化的实质就在于以“人文”化“关河”。

第一，滔滔关河锤炼了关河文化“不屈不挠、顽强抗争”的灵魂。河，从水，从可，水是关河的重要组成部分，关河奔流不息，不仅有不可阻挡的脚步，而且有不可封闭的开放思想，有明确的目标；关河奔腾咆哮，寓含着一种坚持不懈、自强不息、百折不挠、勇往直前的意志；关河不惧艰难险阻，群山锁不住，巨石挡不住，体现了关河不仅有不可阻挡的脚步，而且有不可封闭的开放思想；关河不知疲惫，不停地追逐梦想，表现出从不灰心、矢志不渝、奋斗到底、不怕困难的精神；关河急浪，水声连天，锤炼了关河沿岸人民水一样的“不屈不挠、顽强抗

❶ 李、蓝起义练兵场遗址斜文旗子堡

❷ 李、蓝起义遗址麻窝瞭望台

争”精神。

清咸丰末，中国封建社会进入全面艰难岁月，农村经济凋敝，民不聊生，李永和、蓝朝鼎不堪清廷欺压民众、鱼肉百姓，于咸丰九年（1859 年）九月在大关天星地上，焚香结盟，提出“诛贪官污吏”“打富济贫”“横扫胡星一十七省山河”的反清口号，扯起反清的大旗。正如流传的民谣所云：

咸丰七年半，李短鞑鞑要遭难；
遇着常大人，要李的二寸半。
咸丰八年遭天旱，干人无吃又无穿；
红旗绕，白旗翻，李短鞑鞑反四川。
李短鞑鞑法子大，开荒种地盘庄稼；
不交租税不纳粮，官家财主无办法。
红旗绕绕大旗山，李短鞑鞑反四川；

李、蓝义军驻地——吴家老房子

不打云南昭通府，要扎叙府翠屏山。

红旗绕绕白旗翻，李短鞑鞑反四川；

前队到了叙州府，尾子还在岔河边。

二龙戏水合江门，翻江倒海威震天。

李、蓝起义延续了七年，由数百人发展到六十多万人，转战于滇、川、陕、鄂、豫、陇六省，击毙清廷官员数百人。

1 寿山大湾子驿站

2 吉利铺驿站

僰人悬棺

第二，巍巍关隘铸造了“关河文化”挺拔、开拓的品质。关，往来必由之要处设置的守卫处所；隘，险要之处，西汉桑弘羊在他的《盐铁论》中明确指出：“关梁者，邦国之固，而山川、社稷之宝也。”“锁钥南滇，咽喉西蜀”是关河流域关隘的写照。据《民国大关县志稿》所载：“势若建瓴，居高驭下，两山夹峙，中乃川通道”，“豆沙关之石门关、大关乡之云台山、雄魁乡之老鹰岩、本城乡之栅子门等，皆地势之优胜，有险可守，倘能设备合宜，不虞外寇之深入”。关隘蕴含着关河流域各个历史时期的政治、经济、军事、文化等方面的内容，渗透着关河人社会生活的方方面面，是民族间的交往、冲突、融合的见证。

“僰人悬棺千古迷”就是关河沿岸流传最广的故事。悬棺葬是古代一种比较奇特的葬式：在江河沿岸，选择一处壁立千仞的悬崖，用我们至今仍不知晓的方法，将死者连同装他的尸棺高高地悬挂（置）于悬崖半腰的适当位置。豆沙关悬棺，保存最多、最完好，地势最险峻，被学者称为“上古遗存，天下奇迹”“悬棺博物馆”。

在刀耕火种的年代，悬棺如何置于悬崖之上，众说纷纭。有说凿岩为路，放棺后又毁掉路；有说先以土填埋崖壁，然后再去土；有说崖顶放绳索；有说搭厢架。究竟如何，仍不得其解。

栅子门“羊子阵破关”也是关河沿岸流传最广的故事。据旧《民政厅（有关各县改名）卷宗》载：“汉本夷狄，历唐、宋、元、明、诸代，均派兵讨伐，以成天险，难于克服。清雍正年间，清督鄂尔泰派怀远将军刘崑进剿，因山高箐密，敌可草山而窥，不易收功，嗣由刘崑以羊子阵夜袭，始得‘改土归流’。”这就告诉我们：清雍正八年（1730 年）乌蒙地区改土归流之时，怀远将军刘崑沿“五尺道”进剿乌蒙攻打灵官岩的栅子门时，土司禄鼎坤部凭借栅子门天险，利用滚木礌石拼命抵抗。刘崑十多天不能得手，乃以香火灯笼缚于羊角，黑夜将羊群驱赶上山。待山上将所有滚木礌石投放罄尽，抢关而上破关。尔后，留下了摩崖题记：“雍正八年，怀远将军刘公讳崑于正月十六夜破此关。大关别驾刘镇宝题。”

“一方水土养一方人，练就一方精灵”，巍巍关隘，透射出人生的苦难和伟力，激发出关河人灵魂深处的呐喊；重峦叠嶂，铸造了关河沿岸人民山一样的挺拔形象；沟壑纵横，砥砺了关河沿岸人民拼搏奋进的火一样的开拓品质。

第三，“路当孔道”引进了多种文明。漫漫“五尺道”像一条蟒蛇般沿山盘旋，一路奔走、欢歌，时而把山抱在怀中，时而把山丢在身后，既是中原与云南政治、经济和文化交流的枢纽，也是“南方丝绸之路”的重要组成部分。人们经“五尺道”往返于中原与四川、云南之间，承载着中原文明、荆楚文明、巴蜀文明、夜郎文明在这条窄窄的道上奔流，换来一个个家庭平静而富足的日子，演绎关河一段段感人的壮美，让各种文明不断地在关河两岸流动、栖息。

“龙的崇拜”在关河流域安了家。每一个中华儿女，无不自称是“龙的子孙”“龙的传人”。 在中国文化中，龙的形象是一种符号、一种意象、一种血肉相连的情感，常常把龙作为山和水的象征，把山脉直呼作“龙脉”，把曲折的流水呼作“水龙”，重大节日和庆典要舞龙灯、划龙舟。沿着“五尺道”，龙文化传到关河流域后，有着重要的地位和影响，人们多以龙的故事来表达对美好生活的向往。

“学会感恩”在关河流域扎了根。感恩与祭祀有密切关系，起源于原始宗教，形成于三皇时期，在五帝时期有较大发展。感恩是中华民族的传统美德，“饮水思源，知恩图报”，“羊羔跪乳，乌鸦反哺”，“谁言寸草心，报得三春晖”就是中原感恩思想的写照。感恩在历史上留下过不少佳话，像诸葛亮的“鞠躬尽瘁，死而后已”，岳飞的“精忠报国”等。关河人接受中原文化后，深知感恩是一种为人处世的基本原则，是一种工作和生活态度。感恩不仅是回报意识，它更是一种责任意识、自立意识；感恩不仅是一种传统美德，感恩还是人之所以为人的基本条件，诠释了关河人学习感恩、践行感恩的情怀。

“川江号子”在关河流域登了台。千百年来，纤夫们生活在峡江上，三峡的纤夫是一道古朴的风景，船工号子则是响彻纤夫古道的永远的歌唱。清乾隆七年（1742 年）二月，云南总督张允随奏疏：“云南旅游地昭通府地阻舟楫，物贵民艰。查盐井渡水达川江，可通商运。自渡至叙州府安边汛七十二滩，惟黄角槽等十一险滩宜大疏凿，暂须起驳，余只略修，并开纤道。其自云南旅游地昭通抵渡，旱路崎岖九处，开广便行。现运铜赴渡人船，脚费多省；以积省之费开修险滩，帑不糜而功可就，不独昭、东各郡物价得平，即黔省威宁等处亦可运米流通。” 开浚关河航运，一为缓解铜运艰难，二为返程上运油米以济流通，关河航运于当年开工，至乾隆九年（1744 年）竣工。在豆沙关设站船 7 只，顺关河下行抵盐井渡，再由盐井渡水运抵长江上游重要的物资集散地泸州，迄至 20 世纪 60 年代。从此长江水运与关河水运便贯通了，川江号子也在关河流域登上了舞台，并结合关河水运，形成自己的“关河号子”。

“关河号子”无通行的套本，见人唱人，见物唱物，触景生情，即兴而歌。曲调虽有一定范式，表达都很自由。或长调铺陈，或短章急奏，或慷慨激昂，或低沉悲凉，倾吐积郁，提神鼓劲，怎样适宜表达就怎样唱。可分为上水号子和下水号子，唱词多为五言和七言句，一人领唱众人帮和，音调高低随航行经历和水流缓急而变，或慷慨激昂或低沉婉转或俏皮诙谐，内容丰富，涉及人文地理、民风民俗的方方面面。有描写船工艰辛的：

九龙（滩）磨刀（溪）要起货——嗨哟。
哪怕老鸦滩险恶——嗨啵。
（吊）钟岩响钟奏凯歌——嗨哟。
石门道通过盐井渡——嗨啵。
铁索桥横锁大关河——嗨哟。
杉木新滩长黄角（漕）——嗨啵。

也有描写本土物产的：

千鱼五酒真不错——嗨哟。
铁锤铜鼓遇石锣——嗨啵。
一条花蛇（滩）真歹毒——嗨哟。
远望蛤蟆（石）往前梭——嗨啵。

借助地名来调侃，饶有情趣。

关河航道近百公里，水道迂曲，滩陡流急，更因两岸地势高低悬殊，沿江险滩年有变更，防不胜防，行船极为艰难。行下水，时有倾覆之虞；行上水，难逃背纤之苦，关河号子成为关河船工的精神支柱。喊号子以统一行动，倾吐积郁，鼓舞斗志，共闯难关，便成了船工们无奈之中奋发抗争的选择。

第四，驿站容纳并整合了多元文化。关河沿岸历史悠久，新石器时代，人类就在这片土地上留下了足迹。秦开“五尺道”、隋筑“石门道”，南北沟通后，驿站也就相继在其道问世。随着中原移民纷至，过客频繁往来，以驿站为支点，扩充了一条条驿站小街，容留了四面八方的客商、马帮、军士和无数的人流，让朱提银、东川铜、普洱茶叶以及香料、药材、丝绸、瓷器、食盐、布匹等在这些驿站栖息。久而久之，这些客商、马帮、军士携带的各地文化与关河本土文化碰撞后，扎下根来，最后形成水乳交融的“你中有我、我中有你”的“关河文化”。

“关河文化”秉承“和”的内在精神。中国传统文化中从古至今影响最深的就是和谐。中国传统文化多将“和为贵”作为“和谐”处世的箴言，“万物各得其和以生”。就是说，自然和则美，生命和则康，社会和则安，国家和则强。只有“和衷共济”，才能做到“和则一，一则多力，多力则强”，从而“天下同归而殊途”，达到一种至善理性的最高境界。“关河文化”正是秉承了传统文化中关于“和”的理念，作为地方主流文化载体之一的《大关民族民间歌舞集》尽显它的文化魅力。为了表达对美好的和谐的劳动和生活的向往，关河儿女曾这样高歌的：

白云飘飘雾茫茫，男耕田来女插秧。
早栽早种夺丰收，家家生活喜洋洋。

为了使生产协调劳动专心，关河儿女又这样歌唱：

小水潭子清又清，这方唱给那方听。
这方唱的水利歌，那方唱的积肥歌。
小水潭子清又清，哥唱山歌妹来听。
哥唱水利要修好，妹唱积肥要专心。

古道的马帮

为了处理好劳资关系、邻里关系，关河儿女这样歌唱：

清早起来脸儿黄，洗了脸儿去赶场。
酒肉米盐多买点，以便招待薅草郎。
九月里来是重阳，雪花造酒满缸香。
造酒娘子多造点，姑娘姐妹会来尝。

在建设和谐小康新大关的过程中，大关县委、县政府更加注重和谐，在实现民利中促进了和谐，在改进民生中增强了和谐，在确保民安中保障了和谐，在促进民和中推动了和谐，在维护民权中巩固了和谐。由此可见，和谐也是关河儿女孜孜以求的美好理想。

“关河文化”认同中华民族传统价值取向。所谓价值取向就是人们在一定场合以一定方式采取一定行为的价值倾向。价值取向是社会意识形态的本质体现，是文化的核心，对人们的活动起定向作用，对与主体价值取向相反或无关的信息起“知觉防御”作用，能帮助人们对活动目标进行价值选择。由于中原文明与关河沿岸地方文明水乳交融，关河沿岸人民在看问题、想办法时，也随时遵循对立统一的“有无相生”。《道德经》云：“有无相生，难易相成，长短相形，高下相倾，音声相和，前后相随，恒也。”就是说，有和无互相产生，难和易相辅相成，长和短互相对应，高和下互相依存，音和声相应而和谐，前和后联系而有序，这是永久的道理。大关民间歌谣《对歌》中有这样一段唱词体现了“有无相生”：“山歌对唱要两人，犁田还要三根绳。”“一个巴掌拍不响，一根单纱不成线，一根独苗不成林。”这就形象地说明，看问题、想办法要全面、要辩证、要联系、要变化，不能静止、孤立，不能形而上学。关河沿岸人民不仅在看问题、想办法时遵循“有无相生”，而且还把“舍生而取义”作为“修身、齐家、治国、平天下”的座右铭。大关英杰赵端为响应孙中山先生推翻封建帝制，建立民主共和的辛亥革命，竟冒天下之大不韪，在偏僻壅闭之乡、交通不便之地发动武装起义；出生于大关小街的我党的高级将领罗占云，为推翻“三座大山”，建立社会主义新中国，抛家离舍，转战南北，鞠躬尽瘁，死而后已，立下了不朽功绩。当今社会中，大关乌鸦桥加油站站长、共产党员刘远芬，为保护国家财产，临危不惧，与歹徒进行殊死搏斗，最后坠入悬崖壮烈牺牲，以她的热血和生命书写了一个关河的“义”字。康富民一生坚持学习、坚定信念，一生对党忠诚、带头奉献，一生助人为乐、无私奉献，一生鞠躬尽瘁、一心为民。他用“四个一生”践行入党时的铮铮誓言、实践着党的宗旨、表达着对党和人民的热爱，一生做一个有益于人民的人，是每一个党员干部学习的榜样。

“关河文化”的效应

由于“关河文化”发乎于滇川孔道，存在于关河沿岸特定的人文及地理环境，它的血中流动着古老的中原文化、荆楚文化、巴蜀文化、夜郎文化、朱提文化、滇文化、氐羌文化。由于多元一体政治的演进，“关河文化”逐渐复合成一种地方性极强的独特的软实力。

“关河文化”具有强大的向心力。在多元文化林立的社会，一个地方要想自立于社会之林，必须有自己的文化根基和文化形象。“关河文化”是关河两岸的黏合剂，一部《穿越历史》告诉世人“出水堰不仅是水利工程，更是一部关河历史”，“记载和见证了关河沿岸人民同自然抗争、向环境挑战、改天换地的奋斗历程”；“同时，它直接地参与了关河沿岸的经济社会发展，与关河沿岸人民一道为改变家乡、发展经济而做出了巨大贡献。出水

堰是一座丰碑，它记载了关河沿岸的过去，反映了关河沿岸的现在，昭示了关河沿岸的未来”。在全面建设和谐小康新关河过程中，将起到凝聚人心、鼓舞士气、振奋精神、激励斗志的作用。这就告诉世人，在关河沿岸崛起过程中，“关河文化”仍然是关河沿岸人民的精神支柱，是关河沿岸腾飞的重要思想保障。

“关河文化”具有巨大的亲和力。“关河文化”遗产中最具代表意义的“芦笙曲舞”“端公戏”“打鼓草”等无不体现了“以人为本”。苗族

谚语说："芦笙不响，五谷不长。"关河沿岸的苗族，每逢佳节或婚丧嫁娶、庆典或祭祀、讲史或娱乐都要用"芦笙曲舞"来表达自己的思想感情。"芦笙曲舞"叙述苗族人民艰难的历程，回忆昨天，描绘今天，展望明天，是苗族同胞全面发展的精神支柱；"端公戏"通过祭祀和戏剧表演的有机结合，驱赶那些危害人们的妖魔鬼疫，祈祷人民吉祥平安；"打鼓草"是人们在薅草时由鼓点伴奏的歌谣，通过鼓师按乐谱击鼓和演唱一方面为薅草人助兴鼓劲，引导团结协作，另一方面把枯燥的劳动变得更有乐趣，解除劳作人的疲劳，从而提高劳动效率。

"关河文化"具有独特的感染力。关河沿岸有着优美的自然风貌和厚重的人文景观，大自然造就的集山、水、林、洞、瀑于一体的体现秀、美、幽、奇、险的黄连河风景区和历史留下的让人寻味的"五尺道"遗迹，无不吸引着无数的人们来观光、度假、考古、探险。人们到了黄连河景区，往往会焕发其青春和激情，身心特别愉悦，往往会激发斗志，催人奋进。"就是你是一个心如古井、微澜不兴的人，就是你是一个心灰意懒、百事倦怠的人，也会被她的雄奇幽深壮美所震撼，所感动、所迷惑。"人们漫步秦汉"五尺道"，黄葛铁索桥使人们感到历史之遥远，岁月之悠悠；岔河东汉古墓群，让人知道关

吉利沙沙坡古道遗迹

河沿岸开发之极早，历史之厚重。李、蓝起义遗址，叫人们荡气回肠，遥想当年；风吼雷鸣，怒云翻滚，靖国军黄荆坝殉难地，使人们想起道路之险恶，革命之艰难。

“关河文化”是关河沿岸人民的精神家园，也是构成关河沿岸“软实力”的重要基础。一旦“关河文化”得到普遍的认同，“软实力”便会变成全面建设小康新关河沿岸的“硬支撑”。

大关，以其境内险关重叠，众多峡谷、关隘、关口、关寨而出名，故名“大关”。是云南北大门和滇、川、黔三省经济、文化交汇地的重要组成部分，历来是中原通云南进而连接东南亚的重要通道，是古“南方丝绸之路”之要冲。

在全国文化的大背景下，要提高文化的竞争力，就要大力发展文化产业。转变观念，大力培育和开拓市场，把大关的文化产品由“送”出去变为“卖”出去的，培育一些具有较强实力和竞争力的文化企业。应对大关苗族芦笙制作，苗族传统刺绣、蜡染等工艺进行包装、推介、开发，在扩大规模、形成品牌、逐步打造产业上下功夫；应抓好地方旅游特色食品筇竹笋、翠华茶、糕点、花粑粑等的包装推介；应对苗族歌舞、唢呐演奏、端公戏等节目进行包

大关垴五尺道

装；应做好黄连河瀑布群、青龙峡谷溶洞、罗汉坝原始森林、三江口自然保护区、云台山五尺古道驿站四片一线旅游资源宣传推介工作；应对王家祠、孙家祠、联合、金海以及黄连河公路沿线片区“农家乐”进行指导，并帮助提升其品位，使农家旅游与民族文化、民间文化、饮食文化、传统娱乐有机结合起来，与培育昆水线、昭麻高速公路、岔彝线新的文化旅游产业结合起来，成为特色文化长廊。一方面是继承和发扬已有的优秀文化传统；另一方面是创造和催生新的文化精神，体现出与时俱进、不断创新的精神品格。因为继承“关河文化”有充足的文化养料，有厚实的底蕴，有进一步发展壮大的坚实基础；因为“关河文化”的现代转换就会充满新鲜的血液，永远具有饱满的精神状态与进取的活力，永远具有生命力创造力，为关河沿岸社会的发展、时代的进步提供源源不断的精神动力。

目录 Contents

101　第二章　磅礴乌蒙　山水大关

第一章

历史大关　厚积流光

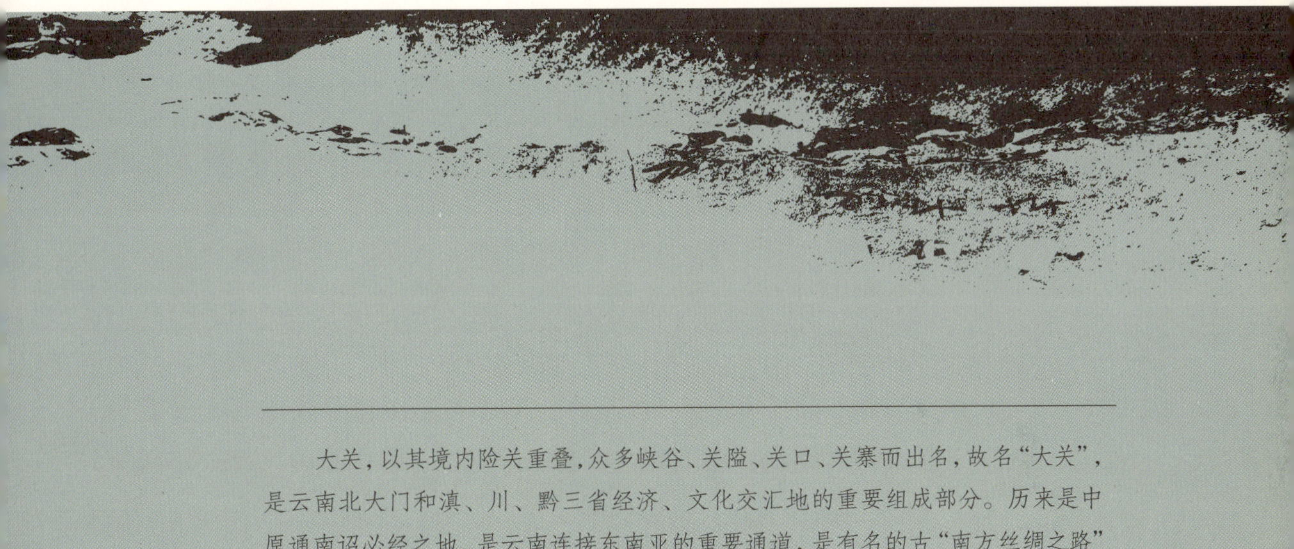

大关，以其境内险关重叠，众多峡谷、关隘、关口、关寨而出名，故名“大关”，是云南北大门和滇、川、黔三省经济、文化交汇地的重要组成部分。历来是中原通南诏必经之地，是云南连接东南亚的重要通道，是有名的古“南方丝绸之路”之要冲。

石器青铜东汉崖墓 见证大关悠久历史

ZHAOTONG

大关的人类历史悠久。新石器时代石器和东汉崖墓群文物的出土与发现，把大关的人类发展史的年代推前了两千年左右。

大关自秦以来就是当时“西南夷”地区通往巴、蜀和中原地区的重要通道之一。秦时“五尺道”、汉“西南夷道”、唐“石门道”及“南方丝绸之路”均经过县境内，具有历史、科学、艺术价值的文物胜迹遍及全县各地。其中，中华人民共和国成立后发现的汉墓群就有7处共40余座。分别是黄葛乡岔河崖墓群、黄葛乡永康东汉崖墓群、悦乐乡鱼堡崖墓群、天星镇安乐村朝门口崖墓群、翠华镇岔河孙家沙坝崖墓群、吉利镇墓群、天堂坝墓群。1985年列入“大关县县级重点文物保护单位”。

岔河崖墓群出土文物最多，达100余件，主要文物藏于云南省博物馆。据《考古》1965年第5期记载：有青铜釜、甑、洗、壶、焦斗、耳环；陶器有罐、碗、甑，为夹沙灰土制成；铁器有剑、削、环手刀；钱币有五铢钱若干及王莽时的大布黄、大泉、小泉值若干，还有黄色琉璃珠1枚、银筷1双。鱼堡崖墓群出土青铜朱雀1只、方形珊瑚配饰1件，五铢钱10多枚。永康墓群均有五铢钱及断残铁剑和灰色沙陶等物出土，个别墓还有铜冠、铁甲。吉利镇墓群出土四边布有菱形几何花纹灰夹沙花砖100余块、五铢钱

1

2

数枚。安乐村朝门口崖墓群出土各类文物7件。岔河孙家沙坝崖墓群出土文物35件。据专家考证，永康、天堂坝墓群墓的封土堆与昭通“梁堆”相同。而当地百姓称之为“蛮子坟”或“徭人群”“孔明墓”。可见其历史渊源。五铢钱，是公元前113年汉武帝下令新铸的钱币，又称“上林钱”或“三官钱”，重如其文，钱的质量很高，便于流通，成为当时唯一合法的货币。

大关境内的汉墓群是大关历史上汉代文化的记录符号，对于研究西南地区少数民族与汉族交流、融合的历史颇有价值和意义。“一片黑暗和混沌，天地茫茫无一人。乾坤暗暗如鸡蛋，迷迷蒙蒙几千层。”（陶阳等著《中国创世神话》记载“根古歌”《黑暗转》开篇）冥冥洪荒、茫茫大地，人类，是何时，在关山重

1 大关汉墓出土文物

2 东汉双环耳青铜釜

❶ 东汉陶狗

❷ 东汉陶罐

❸ 东汉陶仓

重的大关，留下生命的足迹？又是何时，在关河绵绵的大关，点燃文明的圣火？值得一提的是，在方兴未艾的大关旅游资源开发工作中，它们的重要性不容忽视。

大关的人类历史有多久？

据张维翰先生审订的《大关县志》言，大关县从秦开“五尺道 ”时，才有人类居住的，若按此说，大关有人类活动的历史，仅两千年左右而已。

其实则不然，以现在出土的文物为据，本县的人类历史远远超过两千年之久。据三十余年的考古调查，先后从大关境内的农民和草药先生的手中收集的二十来件属于新石器时代先民们使用过的生产和生活用具的文物可佐证。而这些石器文物，当地老百姓称它为“雷削子”，误认为是“天上雷公公、雷婆婆”下雨打雷闪电时，从天上打下来的，可以避邪和治病。

现保存于文化部门的这些新石器文物，是出土于大关县雄魁、永康、太平、妥河、甘海、安乐、天星、祥云及黄荆坝等地的一些村、社，分布于关河（古称“朱提江”）、洛泽河和洒渔河两岸的第一和第二台地上。这些地方地势都较缓和，坡度

朱雀

不大，且依山傍水，古时都是草木丰茂地带，为先民提供生活和生存条件。

已进入新石器时代的人类，早已从阴暗、潮湿的洞居时代走向了阳光充足、空气新鲜的大地。他们用手中的磨制石器去砍砸竹木、搭建窝棚和半穴居的草屋，选择背风向阳、依山傍水、草木丰茂而地势较平缓的地带，过着半定居半游牧的原始生活。由于生产力低下，在大关这样的多山地势下，每个原始群落，最多不会超越百人以上。

根据国内特别是云南以及大关县邻近的昭通、鲁甸等地已经发现和出土的新石器时代的人类文物资料推测、分析和研究，新石器时代的先民们，可能已经有了原始的农业、畜牧业、手工业，有了定居的氏族村落，开始制作陶器，生活资料有了比较可靠的来源，其社会组织已由母系氏族社会阶段过渡到父系氏族社会的时期。

大关县发现的新石器时代文物非常有限，只单一的石器一类，至今仍未发现陶器等类的其他

❶ 玉碗出水源古道遗迹

❷ 吉利马蹄石五尺道遗迹

❸ 寿山大关垴五尺道遗迹

文物，所以只能称“新石器采集点”，称不上“新石器遗址”。笔者从事文物考古工作，基本上走遍了大关的山山水水，至今仍未找到大关县的新石器时代人类留下的遗址和遗迹。带着疑问，多次写信向省、市级的考古专家、学者求教，并且邀请他们亲临大关县出土新石器文物较多的黄葛永康村的瓦厂坪社，进行实地科考。

当这些专家和学者们，实地观察了大关县境的地形地貌后，提出了他们共同的看法。大关的地形地貌多山、多峡谷，且山势陡峭，经几千年来的历史变迁，受自然力和人为的影响，如自然力的地震引起的山崩地裂，山洪暴发、泥石流、森林火灾以及人为地发展毁林拓地，村镇、道路、开矿和水利建设等因素，都会影响和破坏古人类留下的遗址和遗迹。古人居住的房屋多为木、草、泥构筑，经受不住几千年风吹雨打和人为的破坏，陶器之类的生活用具，更易破损，骨、角器之类的用具也会氧化、腐蚀。

再因中国南方的土质多为酸性土，腐蚀性较强，埋在地下的东西往往易被腐蚀，故大关这块土地上，要找到几千年前古人留下的遗址和遗迹是比较困难的。

但对大关县很多地方出土发现的二十来件新石器文物，与国内特别是云南省地区和邻近县（区）的昭、鲁等地出土的同时期、同类型的石器文物相对照，基本上可以确定为新石器时代晚期的石器文物。其历史年代，距今四千年至三千年，这是保守一点的看法。若在中原文化发展较进步的区域，实际距今四千年左右时，早已进入了私有制的奴隶社会了。而我们云南边疆地区，因处于横断山系的高原地域，交通不便，与中原地区的文化、经济的交流往往因交通限制阻碍，在人类进化发展史的进程中，要晚于中原黄河流域一些。

综上所述，今大关县境这块土地上，距今四千年至三千年——人类发展史上的新石器时代，先民们就已经在此生息繁衍开发大关了。

大关的人类历史是悠久的。新石器时代石器文物的出土和发现，把大关的人类发展史的年代推前了两千年左右。

漫话设县历史沿革

ZHAOTONG

早在新石器时代，人类就在这片土地上留下足迹。秦开“五尺道”、隋筑“石门道”沟通南北，中原移民纷沓而至，蛮荒之地得以渐次开发。

建厅前归属

秦开“五尺道”、隋筑“石门道”沟通南北，中原移民纷沓而至，大关这片土地得以渐次开发。诗曰：

莫道大关隅滇东，离京千里却同宗。
秦皇凿开五尺道，中华文化一脉通。

大关，上古时为僰国，建置荒芜。公元前21—前11世纪，境属梁州范围。公元前221年前周朝时，境域属窦地甸。

公元前250年（秦孝文王元年），李冰任蜀郡太守，他完成了都江堰修筑之后，又承担了修筑从巴蜀通往今昭通的道路重任。他以僰道（今四川宜宾）为起点，溯横江而上，开山劈岭，栈桥铺路，使工程向前推进，这条道称“僰道”。

公元前221年，秦始皇统一全国后，派常頞领续修僰道。在李冰初筑僰道的基础上，拓宽整治，并将道路从昭通向南延伸至曲靖。全长两千多里，由于道路宽仅五尺，故史称“五尺道”。按今天的地区行政建置而言，秦五尺道起自四川宜宾，溯横江入云南，经水富、盐津、大关抵昭通，再向南经贵州威宁，折入云南宣威而止于曲靖。“五尺道”经大关的吉利、寿山、黄葛、翠华、玉碗等地，对大关的开发起了很大作用。

西汉建元六年（前135年），汉武帝采纳唐蒙通夜郎置郡县的建议，任唐蒙为中郎将，率士卒万余，携财帛巨数，从巴符关（今四川合江）入夜郎，军事压力与经济引诱双管齐下。“威德并用”，使夜郎侯多同接受汉王朝在夜郎地设郡置县的建议，设置犍为郡，领十二县，朱提（今昭通）就是其一，大关属朱提管辖地。

东汉永初元年（107年），境外大批移民沿五尺道入现大关境地，大片土地得开垦。大关境内岔河发掘的古墓中存有“五铢钱”等文物可以佐证。

东汉建安十九年（214 年），刘备定都川境，派安远将军出任益州朱提太守，县境属其辖地。

西晋太安二年（303 年），朝廷置宁州，县境属宁州朱提郡朱提县地。

南梁大同九年（543 年），朝廷派徐文盛任宁州刺史，县境属其辖地。徐文盛对辖区百姓“推心抚慰，示以威德，夷僚感之，风俗遂改”，百姓安定。当时境内山清水秀，溶洞深幽；山势各具情态，婀娜多姿；山上绿树拥翠，杉篁成荫；沟谷间飞瀑垂悬，飘曳多情。

梁太清二年（548 年），宁州刺史被朝廷调离，并终止向宁州派刺史。县境被土著部落爨氏所据，境内居民多有迁徙。

北周孝闵帝元年（557 年），朝廷将宁州改为南宁州，任命土长爨瓒为南宁州刺史，县境属南宁州朱提郡，郡域居民日增，荒废土地重垦。

隋开皇四年（584 年），朱提郡设置恭州，县境属南宁州总管府恭州辖地。

县城文化广场夜景

翠华老城营盘遗址

唐时置县于境

唐高祖武德元年（618 年），开南中，置南宁州，后改朱提郡。当时在今昭通地区所置的州县有曲州，永善、昭通、会泽一带；协州，今彝良至镇雄一带；靖州，今大关至彝良一带，并在今昭通置安上县。

唐王朝为了统治、安抚少数民族地区，在协州、靖州大关境内分置四县：湖津县，城址为今天星镇火烧寨；西安县，城址为今天星镇青龙双河场，属协州统辖；靖川县，城址为今悦乐镇悦乐坝；分协县，城址为今翠华镇老城白家坪子。

唐贞元十年（749 年），德宗派御史中丞袁滋一行持节册封异牟寻为南诏王。途经黄葛，在一溪流中洗马，后当地人将此地叫作“洗马溪”，地名沿袭至今，有“洗马晴岚”成为大关的十景之一。唐时权德舆《送袁中丞持节册南诏五韵》写道：“西南使星去，远徼通朝聘。烟雨僰道深，麾幢汉仪盛。途经五尺险，水爱双流净。上国恰恩波，外臣遵礼命。离堂驻驺驭，且尽罇中圣。”袁滋在豆沙关题名摩崖，成国家重要文物古迹。

唐时的大关境地，丝路花雨，翰墨洒江，青梦卧雪，碧嶂邻溪。瑶草舒颜，奇峰幻彩，翠屏吐月，野壑停云。画山绣水，美景

荟萃，翡岭翠流，旖旎风光。山仁水智，风物育人。关河玉带镶宝钻，乌蒙锦衣明珠连。

唐麟德元年（664 年），置姚州都督府，加强经略六诏地区，据“两爨六诏”地名表列，大关地城区称“阿旁部”，豆沙关称“石门部”。

宋乾德元年（963 年），境属乌蒙部。

宋神宗熙宁七年（1074 年），封罗杓为乌蒙王，今盐津县普洱夷都山有乌蒙王府，乌蒙王墓遗址。

元顺帝至元元年（1335 年），县境归化州，随乌蒙路改归四川而隶属四川行省。

元李京《云南志略·诸夷风俗》：“土僚蛮，叙州南乌蒙北皆是。”元时，意大利旅行家马可·波罗在《马可·波罗游记》中记载：“自秃落蛮地发足，沿一河骑行十二日，沿途见有环墙之城、村甚众。”叙州南和乌蒙北即今昭通境内昭通、大关、豆沙关、盐津、水富等地，一河即指大关河。这里水入

大关县城南部新区

长江通四海，谷出岷水向九州，青山绵绵峰峦起，江河纵横林草茂。

明洪武十五年（1382 年），今大关辖区随乌蒙府复归云南布政司而隶属云南。

洪武十六年（1383 年），又划归四川布政司而隶四川。

清雍正五年（1727 年），境内实施“改土归流”，县境随乌蒙府划归云南。

今日大关县城

清建厅并三迁

清雍正六年（1728 年）《世宗实录》：二月戊戌，吏部等衙门议复，云贵总督鄂尔泰疏称："乌蒙、镇雄既经改土归流，并归滇省管辖。谨查乌蒙、镇雄地方，接壤千有余里，而乌蒙地势尤广，请仍设为府治。其扼要之地，一为天砥，去旧治七里，轩敞宽平，可建城垣……一为大关，去府城遥远，设通判一员驻扎。"

据皇上旨意，置大关厅，建厅城于雄魁垴（今大关翠华镇雄魁村木家营盘），设通判、游击各一名，置厅署（后称抚夷府），下设吏、户、礼、兵、刑、工六房机构。

雍正七年（1729 年），春，因雄魁垴木城被土司禄鼎坤部叛乱烧毁，加之缺水，遂将厅城迁至翠华山腰（地址待考）。同年，云贵总督鄂尔泰为镇压土司禄鼎坤叛乱，派总兵哈元生率军进剿。

雍正八年（1730 年），正月，清怀远将军刘崑奉云贵总督鄂尔泰之命到大关推行"改土归流"，举重兵久攻土司把守的险关要冲灵官岩，于十六日夜用羊子阵攻破此关。

同年，哈部在甘海、寿山、坉上与拒改拒归的黑胯将军彝族部落激战败北，哈从昭通、四川请来援兵，将黑胯将军困于坉上苦寨弯一带，黑胯将军寡不敌众，被哈剿得只剩将军一人，将军不降，投娃娃海溺死。此战死尸抛入两个大土坑，后称"万人坑"，黑胯将军尸首被打捞葬于海畔，后称"将军坟"。

厅城迁翠华山腰后，在山上建有老城营盘（现翠华镇翠屏村老城社），用以驻兵防卫，现存"老城营

盘遗址”。后清咸丰八年（1858 年）三月，此地经历了罗保林起义军与清军的一场战争。

清雍正九年（1731 年），移通判于鲁甸，大关设同知。

同年，因厅城翠华山缺水，遂另选武营养马坝为城址，始筹划建新城，即现城址。

晚清诗人魏定一对大关县城有过描写，其《大关厅》云：

重关山廊峻，望近到来赊。
草屋云烟上，梯田岭壑斜。
绿溪流白雪，翠壁峙青霞。
是似风尘外，还过玩物华。

雍正九年（1731 年），昭通镇总兵徐成真因大关城位于翠华山腰缺水，改建城于武营养马坝之议未决，经时任总制大司马尹继善，云南巡抚大中丞张允随，迤东道升粤西观察使黄仁杰，新太守令署开化镇崔群，郡太守徐公成真等行会勘，确定城址。时由大方伯陈公建议“夷疆要地，详建石城为巩固万全计”，始建新城。于是，由省拨款，首任同知张坦主建，左营游击肖德功相助，盐井渡巡检王景周亲自督率，备以条石数万条，石灰千担，于雍正十二年（1734 年）七月十五日开工兴建。新城借地势而呈椭圆形，南北为长轴，长 163.52 丈，周长 324.5 丈，城墙厚 1.2 丈，连堞高 2.5 丈，外用条石，内用毛石砌成。城上外沿为堞，以火砖砌成，高 0.6 丈、厚 0.15 丈，垛口间隔 0.5 丈，垛顶盖以脊石，堞上有观察孔。东西南北各设一个石拱城门，各高 1.8 丈，城门洞截面积为 2.4 平方丈，上砌两层城楼。东为

大关南大门

景云门，南为昭德门，西为拥翠门，北为安化门，各门名称以石刻嵌在城门头上。

雍正十三年（1735 年）九月三十日，大关厅城历时一年多建设竣工，在荒烟野蔓、绿草丛生的养马坝，诞生了大关厅城。

县城落成之日，同知滏阳张坦会集同城僚友，携酒食登西城楼开轩回顾，见玉屏倚后，河水潆前，“向之所谓芠草荒烟，曾不复睹，而楼堞参差，俨然一雄关巨镇矣”。

清同治七年（1868 年），同知陈廷珍为巩固城防，在四座城楼的楼与楼之间建四座炮楼，高大次于城楼，三面突出于城外，每楼五层，每层置射击孔数个。至此，城防建全，该城从建至今，已 281 年。

古人甘韶《大关县》诗曰：

一水蜿蜒向北流，金沙分派汇戎州。

上商桥苗寨

开阡筑陌随高下，寻壑经邱擅邃幽。
一将当关敌万弩，千夫上岸挽群舟。
书声不断机声遍，物阜民安乐自由。

清光绪三十一年（1905 年），大关厅裁撤游击、守备、把总等武营，至 1907 年撤毕。

发展与繁荣

民国元年（1912 年），大关厅脱离府分防制，裁撤吏、户、礼、兵、刑、工六房和经费总局，改设行政、理财、司法、总务 4 科。

民国二年（1913 年），大关厅改称大关县，归属滇东道，后废道直属于省，裁撤抚夷府下属知政厅，建大关县行政公署，同知改称县知事，定为一等县。

民国六年（1917 年），大关划出 14 乡成立盐津县后，由一等县降为三等县。

民国二十年（1931 年），县行政公署改称县政府，县知事改称县长。

民国二十九年（1940 年），县政府裁局为科，设民政、财政、建设、教育、兵役、粮政科，保留公安局。

民国三十年（1941 年），裁区并乡，全县划为 18 个乡镇，随即又划为 12 乡镇。

民国三十六年（1947 年），云南省政府将绥江“飞洒地”——元亨里（今木杆镇木杆、漂坝、元亨行政村部分）划归大关县木杆镇管理。

1949 年，全县有居民户 23032 户，人口 95862 人。

1950 年 4 月 5 日，大关解放后成立大关县人民政府，组建县人民政府秘书室、财政科、民政科、建设科、教育科等工作部门。全县设六个区。

1953年，增建七区、八区。

1958年10月4日，盐津、大关两县合并为大关县，县城设在盐津，大关县城称东升公社。

1958年以前，因县城建设粮食仓库和机关单位住房缺材料，陆续拆除老县城城墙、城楼，将砖、石等做建材使用。

1961年4月28日，盐大两县分设，大关县城迁回城关镇（现翠华镇），原大关辖区豆沙、柿子两公社划归盐津县。

1965年，全县27895户，人口128956人。

1968年，“文革”期间，新的区级政权组织形式各区革命委员会相继成立。

1970年4月，各区改称人民公社，区革命委员会改称公社革命委员会。

1982年3月，各公社革委会终止，成立公社管理委员会，行使政府职能。

1984年1月，撤销人民公社，建立区公所，撤销生产大队，建立乡（镇）人民政府，全县置十区一镇，65个乡，10个乡级镇。

1988年，区、乡体制改革，区又改称乡，全县划为十乡一镇，70个行政村、7个办事处。

2000年12月，全县村级行政机构实行村民自治改革，76个行政村（办事处）改建为村民委员会，原笔山办事处改为笔山居民委员会。

2002年11月，原十乡一镇改为六乡五镇。

2006年1月，撤销黄葛和青龙乡建置。

2012年末，全县9个乡级政区，除上高桥回族彝族苗族乡外，翠华、玉碗、天星、吉利、木杆、悦乐、寿山、高桥为镇。全县土地面积1721平方公里，人口283242人。

2016年，县城加大城镇建设，县城从20世纪70年代的一条独街发展到“三横三纵”，完善城市功能，改善人居环境。目前已建成楼房错落、街道纵横、商铺比肩、车来人往、街面整洁、桂花

大关县城一角

飘香的山水之城。县城规划建设面积25平方公里，拟发挥群山环抱、翠绿相拥、山水清流、空气清新的优势，建成休闲度假、山水生态的袖珍宜居新城。围绕“平安、文明、园林、卫生”的目标，努力把大关建设成适宜人居与适宜创业的现代化，富有地域历史文化特色的富裕、文明、和谐的生态型山水城市。全县28万多各族人民在县委、县政府的领导下大力实施“城乡建设、产业培育、教育兴县、生态文明”四大战略，大关的明天一定更加美好。有诗为证：

青峰叠嶂锁关阳，
五尺古道通南疆。
云台峡谷关河涌，
岔河崖墓汉迹藏。
灵官岩上石刻存，
黄葛溪下铁索凉。
李、蓝拜旗起坨上，
袁滋洗马叙沧桑。
“德大称师”刻龙洞，
吊桥渔火烁幽光。
笔架辉映山城美，
银蝠飞舞雪山上。
苍岩石燕欲振翅，
翠华古刹茶飘香。
黄连飞瀑招游客，
杜鹃湖畔瑜伽扬。

古南方丝绸之路上的明珠

ZHAOTONG

这是一条穿行于西南高原茫茫林原中蜿蜒曲折的马帮道路。它起于四川成都，跨过道道江河，翻越茫茫群山，穿过原始森林，向南再折向西方，经大理向南进入缅甸、印度，延伸到中亚、欧洲更远的国度。它比北方丝绸之路早 200 多年，比 15 世纪初郑和开通的海上丝绸之路还早 600 余年。

关山叠叠，关河寂寂。南方丝绸之路在大关境内，不仅是通道，还是一个精神坐标，一处文化高地，一种大关人代代相传的文化基因。走近它，依稀能听见辉煌与失落交织的文化音符，窥视到历史与现实叠加的璀璨星空；走进它，便走进了一方物质与意识合体的心灵圣地，一处厚重与灵动交融的艺术殿堂，一个欲望与信仰辉映的精神家园，一场宿醉千年不愿醒来的大梦。

公元前 122 年，北方丝绸之路沟通后，中国古代大探险家张骞受汉武帝的派遣出使西域。在阿富汗北部，他惊讶地看到市场经营的物品中有来自四川的“蜀布”和滇东北的筇竹杖。这些物品应当是由另一条道路经缅甸、印度而到达中亚的。

这条路就是南方丝绸之路。

这是一条穿行于西南高原茫茫林原中蜿蜒曲折的马帮道路。它起于四川成都，跨过道道江河，翻越茫茫群山，穿过原始森林，向南再折向西方，经大理向南进入缅甸、印度，延伸到中亚、欧洲更远的国度。

它比北方丝绸之路早 200 多年，比 15 世纪初郑和开通的海上

丝绸之路还早 600 余年。这条中国最早的对外交通线，很早就将中、印两个文明古国连接起来。

这条南方丝绸之路上的一个重要节点就是滇东北昭通市大关县。

这是一条绵延数千里沟通中国西南地区与周边国睦邻友好的商贸通衢，是中国西南地区联结东南亚诸国而形成千年不衰

黄葛铁索桥

的地缘经济共同体的黄金通道。这条通道如同镶嵌在东南亚这片沃土上的珍珠项链，而山城大关就是这串闪亮的明珠中最为璀璨的一颗。

由于南方丝绸路的贯通，在千百年漫长的岁月中，大关县境“五尺道”上演绎出许多令人慨叹的故事。

古南方丝绸之路

南方丝绸之路在中国境内由三条古道连接而成：

一是灵关道。由成都南下，经邛崍、雅安、汉源、西昌，渡金沙江进入云南，再经大姚到大理，历22个县、6个市区和民族自治州，约2000公里。

二是五尺道。由成都顺岷江南下，经四川宜宾、云南昭通、曲靖、贵州威宁，然后经昆明、楚雄到大理与灵关道汇合，穿越川、滇、黔三省的8个州（市）28个县，全长2500多公里。

三是永昌道。实际上是灵关道、五尺道在大理相汇后的一段交通线的名称。这条线从大理往西，经永平、保山、腾冲，南下经龙陵、潞西（今芒市）达畹町，由此出境。

同灵关道相比，五尺道从成都到大理，路程要远一些，但除去盐津经大关到昭通这段沿途有峻岭深谷较为艰险外，其余路段多在高原丘陵地带穿行。而且自秦凿五尺道以后，汉、唐陆续有辟南夷道、石门道之举，因此，自汉以降，四川

与滇中、滇西的交往，主要通道还是五尺道。唐德宗贞元十年（794 年），御史中丞袁滋受派到大理册封异牟寻为南诏王，便取道五尺道。此前，“节度使尚书仆射成都尹兼御史大夫韦皋，差巡官监察御史马益统行营兵马，开路置驿”，对袁滋所历沿途已进行过大规模的修缮。当袁滋所带队伍途经原属大关厅治下的石门关（今豆沙关）时，见路途陡峻，大为感慨，袁滋便在崖壁上刻下记行文字。他的舍近求远，足以说明五尺道是南丝绸路上的主要通道。

这条南丝绸路到了汉代，被冠以“蜀身毒道”而闻名于世，众多史籍中都有记载。何谓“蜀身毒道”？与南丝绸之路有何关

寿山古道大湾子

联呢？

身毒（juandu），印度古名。《史记·大宛传》记："大夏东南为身毒国。"蜀身毒道，四川连通印度之路，实际上就是中国南丝绸之路的别称。它有两条线路：一为西线，从成都出发，经双流、新津、汉源、喜德、西昌达会理，再从攀枝花渡金沙江过大姚而达大理，这大体上就是灵关道；一为东线，从成都始，过高县、筠

吉利铺五尺道

连，穿横江河谷，过豆沙关、大关、昭通、威宁达曲靖，再经昆明、楚雄而达大理，这无疑就是五尺道。由此而论，这不过是时代不同提法不同罢了，而“蜀身毒道”的名称更是点明了南丝绸之路的国际大道性质。

秦开五尺道

秦王朝开辟五尺道，为的是拓边，以便控制西南地区。

公元前 221 年，秦始皇统一中国，推行“书同文、车同轨、行同伦”政策，派常頞筑道，向西南进军。《史记·西南夷列传》记：“秦时，常頞略通五尺道，诸此国颇置吏焉。”

秦制，五尺道为官道，路面一般宽 5 尺（约为 1.19 米）。司马贞《史记索隐》记：“栈道广五尺。”颜师古《汉书注》云：“其处险厄，故道才广五尺。”其实很多险峻之处仅能容一人一马行走。大关县城北名为倒马湾的地方，过去，那些挑夫肩上的扁担如若打横，是绝对不能通过的。

常頞率兵筑路，是在蜀郡太守李冰筑路基础上的扩修。公元前 316 年，秦惠文王灭蜀国和巴国，分置蜀郡、巴郡。其时，李冰任蜀守，为便于经营西南民族地区，他便组织人力在宜宾至昭通一带修筑栈道以连接川、滇。这一带岩陡石坚，施工不易，他教民工用积薪烧岩再浇以冷水的办法破石，终于修通起自僰道县（今宜宾），溯横江而上，过大关深谷，直抵传说中蜀帝杜宇“川中纵广六十里，有大池泉水，僰名千顷池”的故乡朱提。朱提，《汉书·地理志》：“犍为郡朱提山出银。”注：“苏林曰：‘朱音铢，提音时。’”即今昭通。“朱提银”自古就闻名中原，五尺道的开凿更具重要意义。

在李冰筑“僰道”的基础上，常頞率兵民沿途进行扩修，由宜宾向南延伸，过豆沙关、大关、昭通，经威宁折向味县（今曲靖），这就是史书所说的“五尺道”。由政府修筑，有重要的军事、经济价值，是为国道。

历史推及汉代，汉武帝继续推行拓边政策，做兵发西南的准备。建元六年（前135年）设朱提县（含昭通、鲁甸、大关、威信）。元狩三年（前120年），汉武帝在长安“象滇河作昆明池”，操练水军，这就是大观楼长联中说的“汉习楼船”。同时派唐蒙辟“南夷道”，也就是进一步拓展五尺道，使之通达昆明、楚雄，达于大理，成为“蜀身毒道”之东线。据称“道长二千余里，山道广丈余，深三四尺，置郡县，西南夷纳入版图”，然后实施移民开垦等举措，派唐蒙、文齐驻营朱提。从此，大关由“蛮荒”之地而进入文明时代。

从西汉以后的历朝历代统治者在注重西南地区开发时，差不多都对滇东北昭通一带加以特别关注。汉献帝设朱提郡，领朱提（昭通）、堂狼、汉阳（威宁）、南昌（毕节）、南广（滇、彝、威）等5县。南北朝时为加强统治，将朱提郡分为东、南、北三郡。元代，云南省平章政事宝合丁治滇失德，致东爨部族造反，元世祖忽必烈于至元十一年（1274年）委赛典赤为云南行省平章政事，嘱之曰：“云南，朕尝亲临，此因委任失利，使远人不安。欲选谨厚者抚治之，无如卿者。”赛典赤受命危难之际，任职五年，革新吏治，轻徭薄赋，兴修水利，发展生产，奉行民族和睦团结之策。云南由乱而治，也就带来了昭通地区经济的渐次发达。

为什么历代统治者会对云南，特别是滇东北关注有加？因为云南是辐射印、缅以至中亚诸国的辐射中心，滇东北是咽喉之地，而大关更是“锁

豆沙关五尺道

钥滇南、扼守西蜀”的要冲。昭通一带又盛产铜、银，古有“朱提银”之说，“朱提”就是高质银的代称词。堂狼（今会泽、东川、巧家一带）盛产铜矿，被誉为“白铜之乡”。中央铸币依赖朱提银和堂狼铜，而西蜀、中原的物资需要进行国际大交流，五尺道作为运输大通道的意义更加凸显。五尺道交通运输的繁忙，带来大关作为重要驿站的繁华，通道经济也繁荣着这个经济通道，也就带动了大关的兴起。

五尺道上大关曾经有过的繁华，是由它的地理位置、物产丰富和历史条件等因素而形成的。

星移斗转，时代变迁，昔日的古道当今已被现代交通线替代，

云台山五尺古道

213国道、内昆铁路、水麻高速路、麻昭高速路都穿县境而过，大关县联结邻县彝良、永善的油路也已贯通。大关的交通枢纽地位依旧，带来了今日大关经济社会的快速发展。

令人感到惊奇的是，用现代科技勘测而确定走向的过境公路、铁路，在很多地段上都与五尺道这条千年古道相伴而行。这足以证明古人在选择筑路线路中所蕴含的科学性。

锁钥川滇 巍巍古城

在昭通大关一带，民间流传着一首赶马人常唱的歌，它所描述的是从昭通沿当年五尺道这条马帮路所经历各重要站点的特色。

一出昭通大天晴，钻沟垭口雾沉沉。

灵官岩石刻

云台山古道遗迹

五马海店不成行，岩洞赶场婆娘王。
头寨落雨二寨晴，盘河五寨顺风行。
毛雨稀稀罗汉林，沙坝杨柳李子坪。
栅子门前打一杵，抬头望见大关城。
进南门，出北门，乌鸦桥上闹尘尘。
要扎大营雄魁垴，鹞子翻身马桑坪。
过铁桥，黄葛溪，街心高来两头低。
四方石，莲花台，观音坐在手扒岩。
龙进麻柳上大湾，抬头看见石门关。
铁线溪连甘海子，青杠林头把马拴。
大关垴，店子稀，要吃凉水小关溪。
呼里啦啦三大炮，庚梯云坐石格闹。
大梨树，小梨树，弯弯拐拐吉利铺。
吉利铺，店子宽，要吃早饭烂田湾。

美女出在黄荆坝，龟子出在回龙溪。
干沟再过黄荆坝，隔河好看尾甲山。
彝人过河奔土坎，孔明丢下马蹄石。
吊楼子，不叫人，谋夫夺妻老木城。
扯烂犁头小华田，沙坝粑粑要现钱。
豆沙关岩高万丈，白人子埋在悬崖上。

赶马人的感受是真切的，行路人的感受是深刻的。听听钻沟、垭口、罗汉林、手扒岩、石格闹等地名，就会让人胆战心惊。“白人子”说的是僰人，方音读“僰”为“白”，“白人子”是对这个古老民族的神化，同样显示出这条弯弯拐拐，曲折起伏“独道”的艰险。

大关地处滇、川交界地带。这首民歌很形象地表现出大关是四川进云南、云南下四川的一道大门。千百年来，滇东北地

区的出省通道多从这里经过，大关一直是联结滇、川交通线上的枢纽。前人在豆沙关岩壁上刻有“关津枢纽”“滇南第一关”，确非夸张之词。

民国六年（1917 年）以前，盐津地面属于大关县境。成书较早的《民国大关县志稿》记载：“其（大关）在未分治（指盐津立县）前为厅治，附属 24 乡，东接镇雄、彝良、角奎，距城百余里；南接恩安（昭通）、鹦歌嘴，距城四十余里；西接永善、木杆河、墨石邑等处，相距远近不一；北接高邑（高县）、筠连、宜宾等县，大牙交错，绝少一定境址，然统为川、滇孔道，关人赖以生存。”

五尺道上的大关，的的确确是“锁钥川滇”之城。

大关境内山峦重叠，沟谷纵横。沿关河（古称朱提江）一带，多是悬崖峭壁，飞瀑垂帘，到处雄关险隘，有豆沙关、石门关等关口；有灵官岩、猴子岩、手扒岩等悬崖；有大关垴、大关寨等村落；有大关河、小关溪等河流。清雍正六年（1728 年）“改土归流”，在雄魁垴筑木城，设厅治，以厅境内关隘众多而命名大关。

雄魁木城距五尺道有一定距离，不便发展。更要命的是其地缺水，民众生存不易，首遭当地土司之袭，继因火灾焚城，官府乃有迁城之议；后付诸实践，选翠华山腰老城（军营）之侧，也因缺水不得不再迁，经同知张坦等考查报府审定，于雍正十一年（1733 年）在老城之下选址养马坝筑城。城建由张坦和游击肖得功等督工，历时一年多，于雍正十三年（1735 年）竣工。东南西北四城门皆具，有青条石构筑的城墙联结，颇为坚固。

同治七年（1868 年），同知陈廷珍对城防工程做了加固，在四座城楼旁增建炮楼，每层置射击孔数个，城防更加完备。

县城择地很有讲究。城址位于五尺道上的一个突起的岗峦上，东倚翠屏山，西临关河，南有扼关河的灵官岩、栅子门拱卫，北有独道倒马湾守护，确是易守难攻的安全之地。作为一个关隘重地，大关城防健全，为过往商队和旅人提供了安全保障，也是几百年来，大关境内无重大战乱，为昭通乃至滇东北的安宁与经济发展发挥了重要的保障作用。

修筑五尺道，最初的用意在于拓边，属于军事上的意义。作为五尺道上重要驿站的大关，在历史上的军事作用是不容忽视的。三国时期，诸葛亮南征，有一支队伍就从这里经过，在雄魁垴留下遗痕，今人称之为“诸葛古城”。唐德宗派袁滋册封南诏国，大队过境，在豆沙关摩崖留下了促民族和睦的碑刻；城南栅子门有“怀远将军刘公讳崑，于雍正六年正月十六破此关。大关别驾刘镇宝题”的石刻，记录了雍正六年（1728 年）云南总督鄂尔泰派兵征战，实行“改土归流”的一段历史。

清咸丰八年（1858 年）三月，发端于县内高桥的罗保林起义，农民军攻城不下，只好屯兵城后老城。同年，在威宁观音山举义的农民，由李永和率领，顺五尺道北上，进军四川，途经大关县城受阻。《民国大关县志稿》记：“咸丰戊午（1858 年）九月，李永和、唐泽波（友耕）率众由昭通围县城近一月，未遂，于十月初，遂往大关县河东坉上立营寨。”所说“围县城一月不下”之说，难免有所夸大。而另一资料记载为“未旬日”乃移营立寨，应当符合实际。不管如何，县城经历两度兵围未被攻破却是事实，也就证明了县城防务之健全。

从咸丰以后，大关作为军事重要驿站的作用已经渐次消减，而五尺道这条南丝绸之路在地方经济发展上的作用却越益重要。

“搬不完的昭通” 滇东北是富庶的宝地，这里有白银、白铜富矿，有众多的山货、土特产，是中原地区以及周边邻国所需求的。五尺道的开通带来了这个地区的经济价值。民间俗语谓“搬不完的昭通，填不满的叙府（宜宾）”，形象地描述了五尺道上商贸运输的繁忙。

寿山大关垴古道遗迹

昭通、宜宾分别是滇东北、川南的物资集散地。云南需要川盐、川布、川绸以及各种工艺制品，四川和中原地区需要云南的矿藏及各种山货产品。南来北往的物资都要经过五尺道运送，一度，便出现了商旅络绎的景象，出现了马帮相连、挑夫接踵的繁华。大关正是这条运输大动脉上的中段，有着“扼控巴蜀”的作用。

五尺道大关段多是极其艰险的道路。这条路从四川筠连入县境，途经豆沙石门关、玉碗鹦哥嘴，过钻沟翻罗汉林，才进入昭通坝子，单是听听沿途站名，其艰险程度可想而知。李白当年过秦岭曾吟唱“蜀道难，难于上青天”，倘若他从大关经过，走走沿途的“鸟道”，看着如同“一线天”似的云台山峡谷，不知他会做出什么样的感慨？

唯其艰险，应运而生的是马帮。挑夫背脚的运量毕竟有限，滇东北的“乌蒙马”正好派上用场。乌蒙马个子小，能负重、耐力强，适于山地驮运。当年蔡锷护国，率滇军入川同袁世凯的“征滇军”决战，需要运力，其手下将领罗佩金就专请时任蒙自道尹的大关人张维翰为之购马。张维翰除在滇南选购外，又函请大关官员为护国军购得数十匹驮马，担负几千滇军的物资供应。时光往前推移，咸丰年间“李、蓝起义”的首领李永和、蓝朝鼎作为马帮镖局的“大锅头”，就靠这种“乌蒙马”往来于叙府、昭通之间。所有担任运力的马帮，他们都靠这种矮小耐劳的马匹作为主运工具。

五尺道上很多路段都是青石或俗称“焦钢石”的玄武岩石铺成梯级而翻山下岭，路面狭窄，后马要沿着前马所踏的部位前行。年深月久，这些踏点上便出现了一个个深坑。有了足踏深坑，马的行走也就会安全一些，长此以往，石板路上便留下一串串深深的蹄痕。除了今属盐津的豆沙关大约 300 米的路段保留较多的马蹄印而外，在今日县境内的莽原丛林中，在玉碗镇出水洞一段古道上，在寿山镇大关垴小街和北向一段长约 300 米的小道上，依旧可见蹄印斑驳。这些蹄痕给我们留下往事沧桑的记忆。

古道沧桑，诉说着当年这段路上运输的繁忙。

说“搬不完的昭通”，首先就在于它是一条名副其实的“金道”，是滇东北为四川、为中原地区提供物资的保障。下面说说几种物资的内外运输情况：

朱提银 昭通古称乌蒙、朱提、恩安，清雍正“改土归流”后称昭通，有昭明通达之意，是通达四方的枢纽，是朱提银北运、蜀丝绸南下的物资集散地。

五尺道的开通，使很多汉族移民得以进入滇东北乃至云南腹地，带来了先进的生产工具和先进技术，昭通一带的白银矿业得以开发。《昭通乡土志略》载：“昭通厂务发达，称银用秤，乐马厂、长发洞、金沙厂相继大旺，出银甚多，商于厂者，贩一车米去兑一车饼（银饼）运回。” 唐宋八大家之一的韩愈，在《赠崔官立之》诗中有：“我有双饮盏，其银出朱

穿越古镇的马帮

提。”延至清代，蒲松龄《聊斋志异·宫梦弼》中另有这样一段描写：“女一日入舍中，及见断草丛丛，无隙地，渐入内室，坐埃尘中，暗觉有物堆积，蹴之连足，拾视兼见朱提。”

西汉末年，王莽时期，云南铸造的银币，在全国流通，以其银质银纯，朱提也就成了高质银的代称词。而这里的银锭又必须运到中央铸造全国银币，走的就是五尺道。

传统的打铁

堂狼铜　中原地带自古就有先进的铸铜技术，铸造铜币，生产铜镜、铜器和铜兵器等。商周时期的青铜器，东汉时期的五铢钱，查其原铜材料，大多来自滇东北堂狼一带，人称滇东北为“白铜之乡”。

堂狼（今会泽、东川、巧家）一带有优质铜矿。汉代，内地人相携到朱提、南广、堂狼拓荒，他们发现开发铜矿有利可图。于是各储矿地便有人开矿，建炉炼成铜锭后，人背马驮，经五尺道大关段，运经成都而达中原。南朝时期，朝廷也派官到昭通一带铸钱。据《南齐·刘悛传》载：南齐武帝永明八年（490 年），刘悛向武帝萧赜奏道：“南广郡界蒙山有城名蒙城（朱提治城），可二顷，地有烧炉四所，高一丈，广一丈五尺。从蒙城渡水南百许步，平地掘土深二尺许得铜，又名古掘铜坑，深二丈，并居宅处犹存……近唤蒙山僚出，云甚可经略。此议若立，利润无极。”武帝“从之，遣使入蜀铸钱，得千余万”。说明滇东北铜业开发很早。

堂狼铜，除极少数供本省官钱局铸币外，绝大多数都要经五尺道运往京城钱局铸币或官商生产各种铜器，再销往各地以至国外。于是在滇东北称运京城的铜锭为“京铜”，五尺道沿途都设有京铜运委员以管理铸铜和运输。

京铜外运有两条路：一由昭通陆运经 6 站而至豆沙关，在豆沙关设有站船 7 只，顺横江（关河下段）下行抵盐井渡（大关厅辖地），再经 20 站运抵长江上游的物资集散重镇泸州。另一路由昭通陆运至永善黄草坪，由金沙江下行运至泸州，再转运京城。

京铜陆运到盐井渡后装船走水道。古时关河水深滩险，横江以下担负船运，需要疏通河道。乾隆五年（1740 年），朝廷命川滇总督派兵民开浚水道。乾隆七年（1742 年），地方官张允奏请再次开浚关河航道，获准。乾隆九年（1744 年）十二月，张允向皇帝奏报："大关境内盐井渡通船河道，与金沙江相为表里，经奏请借助陆运铜脚开修，凡阅三载，业已工程完竣，铜运坦行，商货骈集，克收成效。"张允受乾隆皇帝之嘉奖。水道畅通后，货运量增大，马帮增多，背夫络绎，货运频繁。昭通府在盐井渡设有京铜运委员，派张维翰之父张升瀛（仙坡）任职。

川盐　这条路也是川盐入滇的必经之道。四川自贡产盐。其盐系掘井取盐水煮熬后凝成的砖块结晶，人称川盐。其产量之大，从李、蓝义军入川后在自贡自流井迅速由万人扩至十来万人。众多盐工因不满朝廷盘剥而加入义军，由此可见川盐产量之多，工人之众。川盐在云南销路极广，还远销缅甸、印度，直到 1970 年以前，云南以及周边邻国大多使用川盐，五尺道上人背马驮的物品，很多都是砖块川盐。人们称自贡为"盐都"，把五尺道称为"盐道"。

商铺与其他

可以说，五尺道筑起了中国古代社会里非常重要的一条政治、经济、文化的生命线。两千多年来，昭通富产的银矿、铜矿对任何一个力图雄霸中原的统治者来说，都有着极高的经济价值。因此，当中原出现较为稳定的局面时，他们都会对这条路进行修缮和拓展，"五尺道"也就会得到充分的利用。

大关山地贫瘠，农村极为贫穷，以从商者多，人们在通道贸易中获得的利益远大于从土地获得的利益，大关便由一个

被动的军事关隘重地而兼有了主动为昭通主体经营和为川客们服务的种种设施。各重要驿站特别是小小县城，客栈马店比肩而立，饭店小吃遍街都有，货栈商铺兴盛起来，就连烟馆也应需而设。每天晚上都可以听到马嘶铃响，可以听到操着南北口音的旅人在高声谈笑。

从清王朝实行“改土归流”以后，历任流官带来了较为开明的发展理念，推进大关驿站服务业的发展。一直到民国年间，昭通至大关到宜宾这一带的道路运输还是繁忙的，因而带来了大关古镇的繁华。

县城街道狭窄，但商铺却不少，有湖广、江西、四川等多个省份来此经营的布店、杂货店，许多商人就在此地安家落户，有了自己的门市 。县城街上设有粮行、油行、典当行，有理发铺、铁匠铺，有专事存物的货栈，有各种精美小吃，林林总总，应有尽有。大关行“日中为市”，每天中午，乡下人进城，过往客商串街，很是热闹。

县城南、北、西分别有龙家客栈、黄家马店、卯家马店、马氏马店等栈铺，服务于挑夫、马帮，几乎每天都有背挑客、马帮在此住宿、补给食物，于是带来各种小吃、餐馆和糕饼铺的兴盛。小吃如名声很响的“呼耳面”“熨斗粑”“郭家饵块”等等；当年江家绿豆糕、月饼更是上销昭通、昆明，下送筠连、叙府（今宜宾）。

此外，汉、唐以来，不断有移民迁入。清王朝推行“湖广填四川”“四川填云南”，外地入住的人口越来越多。带来了当地的习俗与信仰，佛寺、道观、各省会馆陆续兴建。仅一个不到一平方公里的县城区域，能叫出名字的寺院、殿宇、会馆、家祠等竟多达 30 余所。正是由于五尺道的通道作用带来了大关多元文化交融的特色。

古镇记忆 人背马驮，道路艰险，行速较慢，一般说来，相隔四五十里路程就要设站食宿，供应茶水、饭食，提供住店。在大关境内，五尺道沿线就有豆沙关、吉利铺、大湾子（寿山老街）、黄葛溪等较为兴盛的古镇。

豆沙关从民国六年（1917 年）已划为盐津县属地，这里不做叙述。以下仅述及县内的几个重要驿站。

魂断吉利铺 当今吉利镇政府驻地是新街。老街吉利铺位于新街西南侧的高坡上，虽已冷落而古风犹存。挑夫、马帮由筠连入滇，过豆沙关后，这里是重要的补给站。民国五年（1916 年）一月，正是春寒料峭，蔡锷率护国军第一军由昆明出发进军四川讨伐袁世凯，先于大部队出发的第一梯团杨蓁支队、邓泰中支队就是行经大关，在吉利铺做过短暂停顿。滇军入川后，同以张敬尧为司令的北洋军主力决战于叙府、泸州、纳溪等地，取得一个个胜利，迫使袁世凯于是年 3 月 22 日宣布取消帝制。

次年六月，滇军续派军队入川，打击袁世凯留驻四川的残

云台山古庙遗痕

余力量。第十三团陈维庚部的两个连队过吉利铺时，遭遇突发大地震，山体垮塌将官兵们全部埋入土中。他们用行动写下一曲悲歌，把英魂留在关河这片土地上，是为“黄荆坝护国军遇难地”。

岁月沧桑寿山镇　五尺道过吉利镇后，经小草坝过大关垴云台山，便到达古道上的重要驿站大湾子，也就是今日寿山镇老街。古往今来，在这段路上有许多令人感慨的故事发生。

江道人古道　《民国大关县志稿》载：“江道人，名海移，四川铜梁人。初经商，性慈善，好修建。入滇以来，目睹道路崎岖，乃发愿修路。关津一带道路长约数百里，惟云台山尤险峻，极力开凿，遂令其徒张志清督工于此。张为岩石击毙，江仍不改初衷，数年后始告成功，创修殿宇于其上，复增修店房数间，以作行商住宿之所。告竣后人人称便，无咨嗟之苦。于民国九年（1920 年）五月初五日羽化，享年七十七岁。”

云台山，位于县城北部约 24 公里处，是一道长约 6 公里的峡谷，山顶五尺道，山下关河水，高差 600 米左右。山势极为险峻，于谷中抬头仰望，大有“崖擎宇宙，云接苍穹”之势；岩顶有山泉下泻，沿河长约里许内大小瀑布飞溅，雨雾漫漫，行人如穿行雨中。后人修筑连通吉利镇的公路后，这里恰似天然洗车谷。

当年过崖顶的五尺道极为险峻，且绕路较远，从吉利铺过来沿途险段也多，行人马帮不堪其苦。四川道士江海移（本名唐明荣）云游过此，便有心募资改修其道，以方便众人。

募资是有限的，捐工也不可能不计时日。据《大关县志》（张维翰校审本）所记，清光绪二十年（1894 年）前后，沿五尺道铜、银运输较为繁忙，而沿途又多有事故发生，省派驻盐井渡的转运京铜委员张仙坡亲临云台山段踏勘，拟报请朝廷派驻的滇省矿务大臣唐炯拨款开山筑路，获准。江道人闻讯，前往请缨，张委员令他负责组织工程，指导施工，官民一心，历数年时间于光绪二十五年（1899 年）始告成功。新道从云台山阴河洞绕拐，经常家岩、鸡冠石而上，与大关垴小街连接，较为平缓地到达大湾子。比之于原道，新道不仅易行，且缩短了约 5 里的路程，所以才会“人人称便，无咨嗟之苦”。人们

寿山下青坪
五尺古道

称之为“江道人古道”。

新道在崖畔呈“之”字形从河边盘曲而上，筑路工程异常艰险，江道人的徒弟在指挥工程中被岩石打死，他仍然坚持指挥修建，精神可谓难得。江道人“好修建”，说明他于建路方面很内行，考虑到山路弯弯，行旅及驮马需要中途稍事休息，便在山腰宽敞处建道观，取名“长春观”，通路后于此设茶水、饮食，供人马之用。据称，观额悬有巨匾标名，为四川省府杨森所题。观右侧壁上直书“云台山”，为杨森的副官手书。江道人又在大关垴小街建房舍几间，为行人提供住宿方便。

长春观于20世纪50年代毁于火，仅存颓壁。随着213国道、县城至吉利公路的修建，五尺道已经成为历史，江道人古道也为荒草湮没，见证着岁月的沧桑。

寿山字库塔 寿山镇驻地南侧石门关下方一个岩头上，矗立一座现高5.7米的塔形建筑，是为字库，专供焚烧字纸之用，所承载和传递的是“敬字如敬神，惜字如惜金”的社会观念。就目前掌握的情况看，云南省的两座字库塔，一在滇西，一在滇东北大关，都位于古道之侧，是汉文化成为云南主体文化的标志之一。

寿山字库塔原有七层，第一层是空心焚纸炉，炉壁四周有出烟孔；第二至六层为实心，佛塔形建造；第七层为宝顶，“文革”期间被“造反派”们“革”掉了。第二层外部环刻当地乡贤文人集资建造的序文“修建字库序”，落款为“清咸丰丙辰年冬月建”。咸丰丙辰，即咸丰六年（1856年），迄今已历160余年。

何以将字库建于五尺道边极为陡峭的一座岩头上？民间有一个广为流传的掌故：很久以前，一位道家高人患乡民不识文、不惜字；且见关河东西两岸的大旗山、紫荆山有缓慢移动之势，若二山合拢堵断两岔河，后果不堪设想，便劝化世人集资建塔于两山之间一个独立的崖头，一养教化之功，二守雄关以震慑两山魍魉，三可弹压蛟龙涌水成灾，建塔则举一役而毕三功。据称，塔建成后，果然乡风蔚然长进，山稳水平，乡民得以安居乐业。

字库塔位于现今 213 国道坎下，倘要近观，需下陡坎，令人心惊肉跳；到得塔下，极目四周，让人头晕目眩。众多的青石条抬到崖顶砌塔，还要在上面刻石为记，先辈建塔确实不易。

2009 年，寿山镇众耆老在公路东侧原五尺道边观音殿基础上建紫云阁，他们有对历经百年已近漫灭的塔序进行抢救的意识，便约请县城几位学者到该地录文，并做考证。乡贤们组织人力搭木架，置保护措施，学者们在凛冽寒风中采用多种手段，历一天时间对原文做了抄录，然后辨义补缺，为保存这段古序做

寿山石门关字库塔

出贡献。时隔多年，据当地人士讲，塔上青石剥蚀程度加剧，字迹更是模糊难辨。

大关出现字库塔，表明南下的中原文化已基本覆盖北上的东南亚文化和这片地区的本土文化，以汉文化为主体的朱提文化已成为广大民众心里的固有意识形态。

纵观元、清两代，都是少数民族统治以汉民族为主体的国家，元朝仅有90余年的寿命，而清王朝竟能维持270余年。如果不是外来列强的冲击，致使朝廷积贫积弱、腐败有加，从而加速了民众的抗争，说不定清王朝的寿命会更长一些。元、清两朝，一短一长，其中一个主要原因就是统治者对民族文化的重视程度不同。元朝统治者以其民族的固有族性构建限制传统主体文化的封闭狭隘型统治机构。清朝入主中原后，提倡“善政善教，大经大法”，奉行儒学治国理念，崇尚仁义礼智、忠孝节信，重用儒学传人，鼓吹程朱理学，学习汉文化的治国之道。经过一段时间的严控后，统治阶层也基本上融入汉文化的体系，就连清初的一些皇帝们也可谓儒学行家，仅以书法、诗词而论，他们也都算得上高手。由此不难看出汉文化在治国平天下中的重要作用，字库塔的出现正表明汉文化已在这曾经的荒原上扎下根来。

字库塔展现一个地方的文化现象。追溯大关历史，可以看到，200多年前，这片土地上就有景文书院、关阳书院、云程讲舍等教育场所，县内开办的义学也有20余馆，大关也就以“书史为园林、理义为膏粱，诵读为耕耘”而著称于滇东北，足见大关有很深的文化渊源。因此，在这片土地上能造就清末和民国年间众多的名人志士，并非偶然。

塔上的序文已难辨识，现将当初抄录并考校文本抄录于下，一为存史，一供有识之士研究。

建修字库序

盖闻龙马衔甲，礼义之君以之而为义，以起鸟兽远

寿山石门关紫云阁

𧿹，仓颉之臣籍之字。字形以成，徒以意会天数造世，不尽圣功。前之圣人，仰观天象，俯察人地，竭尽精力，穷以天地之秘；后之习者、外史、官学存储有司，臆诚告诫于后，启人心立德。是则字之为道，典臣乃校勘敛成。乃世之忽察焉不奏，为不足惜，或弃于道途而莫之论，或粘糊窗壁而不知谨。岂知太上惩秽之戒，格言有敬惜之训。凡我芸众，岂可任其毁坏而不谨以惜之者。惟我敝场，地当滇蜀之冲，人集工坊之盛，贸易者多，诵读者少，街途立壁之间，竟有污秽粘裱而不知敬之者。目击之下，不忍

使天地之精华、古圣之心思毁坏，自若爰兴义举，建修字库，使人人知检字，字足惜取也。于化冥中，庶先圣格言垂训劝世，而世乃敬惜，获福无量矣。且库塔亦风水攸关，鄙意欲于塔下修字库，库上建层塔，岂不一举而两美悉俱。但上资积歉，独木不成大厦，民黎乐输，积凑尤歉。关群公，吾乡信善，义助不惜于倾囊；四方君子，往来不吝，乐积贸财，功成名扬，永垂不朽矣！

是为序。

大清咸丰丙辰（1856）冬月吉日建库

地主罗福俊，匠士高冋才、薛长发及众捐资人（从略）建

寿山古镇老街 从石门关南行一公里便是寿星山腰的一个大湾，名副其实的大湾子，是寿山镇的原驻地。后来，人们在铁线溪建新街后，这里

便成了老街。

老街原为石板路面，五尺道穿街而过。经年累月的马蹄踩踏，青石路面上到处都有深深的马蹄印。街两旁是一色的串架木屋，一般都是一楼一底，有许多人家是进门后有小天井，四合院格式。属于客马店一类的房屋还有后院。

清雍正“改土归流”后，这条小街因为马帮南来北往，川布客、昭通土货商进进出出，有过相当长时间的繁华。沿街有商店、布店、饮食店、铁具店，有客栈、马店，人们也习惯了街道上操各地口音人的交往。寿山居全县中位，上连黄葛、县城，下通高桥、木杆，往北走是吉利，过河就是天星场，每到赶集天，人来人往，极为热闹。

寿山便捷的通道，以及这里生意的兴隆，让附近一带的惯匪眼馋，常来光顾。当地富户便建起了碉楼，迎街的两层楼布满射击孔，雇兵防护，现保存的土墙碉楼已有上百年历史。就是与老街毗邻的青坪黄家营盘也有寨垛和射击孔等防护设施。

在这条古道小街上发生的两件事值得一提。

盐大工委成立　1949 年 10 月 1 日，毛泽东同志在天安门城楼庄严宣告中央人民政府成立，解放大军横渡长江，席卷江南。为打击地方反动势力，做好迎接解放军进滇东北的准备，中共昭通特委于 10 月内组建大关党支部，由地下党员郭敖、李启敏（均为大关人）和边纵六支队司令部派来的陈思俊组成，郭敖任书记，开始了对大关革命工作的领导。

11 月下旬，中共滇东特别支部决定成立中共盐大工委，领导两县的革命斗争，迎接解放。12 月中旬，特支派出的中共党员马克让、张家柱与大关支部的同志汇合后，商定在群众基础较好，商贸繁华易于隐蔽的寿山大湾子开会，组建盐大工委。

马克让、张家柱等以商贩身份为掩护，住进了街中段的黄家旅店。这是一栋四合院木屋。与会人员在这里聚会，成立盐

盐大工委遗址

大工委，马克让任书记，陈思俊任组织委员，张家柱任宣传委员，郭敖任农运武装委员，李启敏任妇女学运委员。

寿山古驿站一角

会议明确了工委成立后的主要任务：筹建解放委员会，组织基干力量深入农村发动群众开展斗争；派人到盐津柿子乡联络有明显反蒋倾向的地方武装张丽美部，组建盐大游击队，开展武装斗争。

工委的成立，加强了盐大两县革命力量的联络，壮大了革命力量；加强了在学校青年学生中的革命宣传，为新政权做好干部准备；成立盐大游击队，对反动势力和土匪起到了震慑作用，维护了解放前夕的地方安宁，保护了百姓。1950 年 4 月，大关人民迎来了解放。

血染石门关 1950 年 4 月，大关县委、县政府挂牌成立，新政权的各项工作全面展开，中心工作是征粮以巩固政权。县委、县政府选择位居全县中心而且群众基础较好的寿山大湾子建粮仓，便于储存和转运，并派出公安队一个班 13 名战士驻守。公安战士在石门关和小街的两端构筑碉堡，防范地霸、土匪抢劫。

盘踞在高桥、寿山一带的惯匪头子唐晓初，经过密谋筹划，纠集匪众 600 余人，于 8 月 5 日凌晨，趁大雾迷漫之际，从大湾子西北方向突袭寿山。驻守石门关的公安战士一面据险阻击，一面派人到县城报信求援。弹雨横飞，喊声震天，战斗异常激烈。在公安战士的有效阻击下，匪众难以前行。唐匪凭着地形熟悉的优势，派匪兵绕过石门关，从后山小路居高临下，切断公安战士工事间的联系，直扑大湾子街上，劫持百姓，抢掠财物。我公安战士面对数十倍于己的敌人，奋不顾身，单兵作战。然而，寡不敌众，土匪冲进工事，前后夹击，残忍杀害公安战士。其余战士凭险抗击。至 11 时许，县大队赶来，打退匪众，解救了群众。这场粮仓保卫战，6 名公安战士壮烈牺牲、1 人负伤，赢得了毙敌 30 余人，伤敌 70 余人，守住了粮仓，保护了群众的赫赫战果。

下午 3 时，群众含着悲痛的眼泪，在开完追悼会后，将 6 位烈士安葬在大湾子西北后山。进入新世纪，县城烈士陵园竣工，管理处派人将他们的遗骸迁入陵园。这些公安战士都是外地人。为了保卫年轻的共和国，守护一方百姓，他们远离家乡，魂留异乡。他们都很年轻，却是那样的英勇无畏，顽强战斗；他们都是孤胆英雄，血染古驿站，英名昭日月。

黄葛永安桥 五尺道过大湾子后，沿关河西岸南行要到黄葛溪（旧称黄果溪）后，必须跨越关河上的铁索桥才能达及县城。县境内河流多，铁索吊桥也多，唯独黄葛铁索桥与众不同。吊索由手臂般粗每段长约 1 米的铁条扣合连接，堪与大渡河上的泸定桥相比，只是规模小一些，也是“一夫守桥，万人难越”的咽喉要隘。

黄葛其地，古有土著民族住居。其时，人们过河要利用竹编溜索。这种过河方式，大关境内就有多处，麻柳湾溜索直到 19 世纪三四十年代都还在使用。

据称，黄葛原属“西南夷”领地，称筇笮。除溜索之外，河面设有舟船，渡口名老里渡。无奈索、船渡人及运货有限，道光年间，同知彭衍樨任内有修木桥之议，乃集工建修，得洗马溪土目禄氏大力支持，运成材构建，经一年努力，于道光十六年

（1836 年）同知姚延之任期内建成，过往客商称其便利。然而仅隔一年余，木桥遭遇大火，材质成为灰烬，仍凭船渡。

同知姚延之工于建设，其任内多有为民办事之举，群众敬称之为“姚大老爷”。木桥被毁，他多方谋划，主力修铁索桥，按其所撰碑记“多方参酌，期以永固”，“意既定， 筹款捐廉，商贾乐输资助”，于是“购铁鸠工，熔铸环练”，历一年时间，于道光十八年（1838 年）建成。铁索桥练“横空飞渡，稳妥平安，既不患风雨之剥蚀，复不畏水火之冲拆，名为永安”。

30 年过后，同知陈廷珍于同治七年（1868 年）续组织工匠培修，于桥东西头各建桥亭一座，并撰联一副立于桥亭：

> 一水抱关流，问何年黄葛成溪？长留桥影虹飞，滩声雷吼；
>
> 两峰挑岸起，洎今日乌蒙览胜。喜见客来云外，人在镜中。

光绪丙申年（1896 年），旅江川之籍人彭耀宗《续修永安桥记》谓：“旧以铁索为虹，梁周甲，于兹将就阤（zhi，垮）矣。”看来，原在本地所铸铁索难以承受猛流之冲击，也难以承担“骑策、负载者趾踵”的负荷，索桥又到必须培修之时了。

于是由叙府（今宜宾）彭怀澄等巨商与众商贾筹谋修复事宜。这也可以看出黄葛铁桥在众商贾心中的地位。

资金筹集之后，需要有堪当工程指挥的人，他们请彭耀宗之父彭子文担其职。时彭子文 60 刚过，便于光绪二十年（1894 年）组织工匠兴工。需要搭建浮桥“联锁”，得洗马溪土目禄氏以其祖坟之参天大树，搭建支撑架。黄葛地狭，难铸粗链，彭文才又派其侄彭俊卿到贵州熔铸铁索，人背马驮运回。锁链有成年人手臂般粗，每段长约一米，段段相扣为吊链，下坠钢绳。桥宽一米多，铁索上铺以木板。河面上距西岸十来米处筑有石质桥墩，以减小桥面的下坠幅度，河两岸保坎均有突出石块以减轻巨浪冲击力。总体看，设计很为科学，以是铁索桥能保存到今天。

桥建成后，彭耀宗（己丑举人，候补知县）撰文记其事，描述其桥"蜿蜒如彩蚪，经空连蜷，如雌霓饮涧；金柱玉栏，黎然易观，从此千秋金石并寿矣"。

1958年，213国道通车后，铁索桥结束了它承载五尺道商贸运输的历史使命，仅供关河东西两岸行人往来。

书院，旧式教育的摇篮

书院，亦称"精舍""书堂"，受佛教禅林讲学制度的影响，由官方或民间开办的讲学肄业之所。主持书院者称"山长"，多为学富五车、满腹经纶的大儒，入院肄业者亦非庸碌之辈。

教育，撒播文明的种子；教育，繁荣社会文化的基石。

五尺道开通，推进国家政治、经济和民族的交往，也推进文化的交融和教育的发展。

大关县城垣竣工，标志着"改土归流"结束，政归一统；大关教育的兴起，标志着中华民族传统文化在这片土地上落地生根。

雍正十三年（1735年），县城城垣工程结束后，首任同知张坦随即在城东门外建景文书院，在城内建义学。两者有所不同，景文书院主要是讲读儒家经典，为官绅家族培养科举应试的童生，而义学主要是为平民家庭子女识字识数而办，开创了大关的教育。然而，县城学子要远赴曲靖"小试"，被选拔者才能到昆明入闱应乡试。毕竟大关属于才开发地区，文化落后，多年都无人中举，参试青年返里后有许多人便到义学、塾堂事教。

乾隆九年（1744年），县同知呈请设棚考试，获准。十六年（1751年），同知张曾扬迁景文书院于城内，请山长教习众子弟。此后同治、光绪年间县内所出举人以及于关阳书院执教的孙发元、孙启昌等人，大都曾就读于景文书院。

嘉庆年间，洗马溪禄氏土目将其建于北城内四合头的公馆前后两座（今文化馆址），捐作知厅署。其地宽阔，房舍较多，为后来办学提供了方便。

同治八年（1869年）同知陈廷珍就禄氏公馆倡办书院，取名关阳书院。这座房舍，办书院之后又办女校，随后又属笔山小学分校，再后又作为中学校园，今办文化馆。虽几经变易，这间房舍终究与大关的教育文化事业结下不解之缘。

县内一些饱学之士如孙发元、孙启昌、胡开云等都先后主掌书院多年教学。光绪壬午（1882年）曾中过举人的张维宗执书院教学长达三十来年。《民国大关县志稿》载其教学“从游者众，造就甚多”，实为不谬。因为从这里走出了清末民初的若干名人，关阳书院在整个昭通市内颇有名望。

先看看这些执教先生的简历：

孙发元（1866—1934年），字慧庵，原就读于景文书院，家学渊源极深，而在国学方面颇有造诣，同治庚午（1870年）会试中举。他无意仕途，受聘于关阳书院事教。其时，爬上云南提督位置的县人唐友耕（泽波）曾致信对他为乡闾子弟尽心事教一事表示感谢，有《致孙慧庵先生书》为证。先生以八十高龄病逝后，成文武干才的门生多人于城南先农坛路旁立有“遗教碑”，示景仰缅怀之情。

孙启昌，发元胞弟，光绪丙子（1876年）举人，寡言而工学，行谨以为范。曾署四川提督的县人李培荣弟兄等出自先生门下。

张维宗，字海楼，年幼聪慧，同治戊辰（1868年）以童试而夺冠，送昭通就读，获学使李绍东召见，称其为“岁贡之仅见”。光绪壬午（1882年），赴省会试，“大挑二等”，选授江川县教谕，仅半年而辞职回籍，在关阳书院担任主讲三十余年。从其门下走出的张维翰（其胞弟）

石器石锛、石斧

民国时期官至云贵监察使、国民党中央监察院代理院长。先生长子铭琛历任宾川、凤仪、屏边县长，卸任后于民国三十四年（1945 年）任《大关县志》编辑主任。1907 年，张维宗任大关县劝学委员会学董，主办地方教育。先生辞世后，众学子为立“德教碑”以纪念。

胡开云，字寿山，光绪甲午年（1894 年）举人，曾在关阳书院任山长，教授地方子弟。曾任四川督军岑春萱文案，赴日本考察兵制，后任四川绵竹县知事。回滇后任督军署秘书、禁烟公所总办。

孙东成，字达章，孙启昌之子。承其父业，事教关阳书院。从大关走出去的民国政府军政部李华英中将、湖北第九旅旅长龚义方少将等人皆出其门下。

孙东阳，东成之弟，亦随其兄在关阳书院执教，并兼任云程讲舍教学。后被选为民国大关县第三届参议会议长。

书院是大关旧式教育的摇篮。

关阳书院从 1869 年开办到 1905 年废科举，县厅改考棚办高等小学堂的 36 年间，走出众多有识有才的学子，如张维翰、龚自知等人。他们在县塾打好基础，然后赴昭、赴昆或赴宜宾求学，多有成就。即以清末民初而论，县人外出于政界任职者省级 10 余人，署县事者约 30 人，走进军界的也有众多将校军官。由此可见大关县历来有崇儒尚文、尊师重教之风。

展开视角看大关

让我们从更为广阔的角度来了解大关这颗连缀在古丝绸之路上的明珠。

大关位于乌蒙山区边缘，处在云贵高原向四川盆地延伸的缓坡地带。大约距今 4 亿年前，这里还是一片汪洋大海。约 1

1

亿8千万年前，云南地壳受印支地质运动的影响而成为陆地。约7000万年前，印度板块撞击欧亚板块，云南大地抬升为高原。约200万年前，受喜马拉雅地质运动的影响，大关处于高原边缘至盆地的缓冲带，形成巨大的岩石褶皱和山谷断裂，形成山峦连绵、奇峰突起、峡谷遍境、河流纵横切割的地貌，形成群山拥翠、悬瀑飞溅、四季花繁、溶洞幽深，集雄、奇、幽、秀于一体的景观。境内立体形气候明显，空气清新，冬夏温差不大，民间有“小昆明”之谓，是宜居宜游的理想之地，为当今开发旅游业提供了条件。

大关的地质地貌属于海相积层，有众多的古生物化石群。即如县城东北角被当地文士命名为“苍岩石燕”的地方，不仅山岩褶皱明显，堆积的岩石呈片状结构，民间称之为“万卷书”。随手拾起一枚石块或从岩石上取下石

片，敲击开来，里面差不多都有石燕、贝壳、三叶虫和树叶的化石痕迹。县境内还到处都有被人称作“活化石”的珙桐树、红豆杉和银杏树。正因为此，曾有多批次的地质学家前来考察，他们称大关是“古生物群化石之乡”。

一方水土养一方人。大关县天星镇因为建房修路，人们发现了石斧、石锛等最原始的劳动工具，表明六七千年前这块土地上就有人类生存，他们懂得打磨石器，已经进入新石器时代。较之于只知道拾树枝防御、捡石块抗击野兽的蛮荒时代，他们已经走进了社会文明。在县境内还发现了最早的粗糙陶器、弓弩等，表明他们已经开始了定居的生活。就生产技能而论，居住在大关这块土地上的先民们，能制作器具的可能性不大，应当是从外地带入的，这也许可以说明他们同外界已经有了一定的交往。

世居在这片土地上的人类，应当是土著部落，有被称为僰人的人群，有本地彝族同胞的先辈。那首流传于大关这片土地上的赶马歌唱道：“豆沙关岩高万丈，白人子埋在悬崖上。”

❶ 大湾古生物化石群——角石

❷ 大湾古生物化石

宜宾古称“僰道”县，说明在川南以及滇东北一带僰人之众。作为一个民族的僰人，后来在不知不觉中竟然消失得无影无踪，给史学家们带来众多不解之谜。估计他们或许迁徙他处，或许已融入与之有相同文化渊源的彝族先民的行列里了。

随之而来，就是彝族先民在这片土地上拓荒、耕耘、繁衍。“西南夷”被记入《史记》，说明早在秦王朝时期，中原大地就已经知道这里民族的存在。古人称“夷”称“狄”，是对少数民族的蔑称。中华人民共和国成立后改“夷”为“彝”，体现了对开拓“不毛之地”先民的尊重。

彝族先民为生存而开拓，包括开拓大关这片土地的历史功勋是不容抹杀的。别的不论，仅以五尺道的修筑，就应当有他们的功绩。《史记》载：“常頞略通五尺道。”秦始皇刚刚统一中国，到处都要派官派兵把守，常頞能带多少兵勇开凿这长达2500多里的五尺道？他不依赖或者说不使用当地民众，又岂能如此近乎科学地择线和完成这样艰巨的工程？因此，我们可以说，五尺道上流下了土著居民的血和汗，他们用辛劳筑就了五尺道的宏伟，为后来地方的经济和社会发展立下了汗马功劳！

在这里居住的土著民族最优秀的品质，除了如上所述的勤劳、顽强之外，那就是他们对外来文化的包容与融合。大关五尺道沿线

青铜器

发现的吉利崖墓群、岔河崖墓群、永康崖墓群等，从这些墓群看，大抵都是东汉墓葬，说明早在汉代这片土地上到处都有人群居住。我们很难断定他们的族种，但从吉利墓群中有骨灰痕迹看，这同彝族先民死后焚化的习俗相同。因此估计，在这里生存奋斗的应当说大多还是本地土著民族。

墓葬、凿岩以及钱币、青铜器、陶具等器物的出土，说明最迟在东汉时期已有先进的生产技术和工具传入大关，也说明土著民族接受了传入这里的中原文化。

从云南接受汉文化的历程来看，秦开五尺道起到了至关重要的作用，而“汉化”云南的第一站非大关莫属。

大关地处五尺道川、滇线的要冲，南来北往的人带来的是各地的文化、习俗，而长期生活于这里的土著部落勤劳淳朴的品质又使他们具有接受先进文化的包容性。随商品往来不断，各种文化交流频繁，逐渐形成独具特色的朱提文化。可以说，这种以汉文化为主体的朱提文化在川南、滇东北地区都居于支配性的地位。

我们不妨从一个外国人对滇东北、对大关民情的描述来看五尺道对这片地区经济、文化的影响。

元世祖忽必烈曾派在朝廷供职的意大利人马可·波罗考察云南，其中一段路程就是沿五尺道走访，他行经的路线是乌撒（威宁）—结吉（乌蒙，即昭通）—雪山（凌子口）—秃落蛮（大关）—叶慎镇（盐津）—叙州（宜宾）。途经大关，他见到的是“城郭严整，环墙之城村甚众”，阡陌交通，村寨罗列，民户殷实，与想象中“蛮夷荒服之极边地”的“伏莽丛杂、民智不开”全然两样。在《马可·波罗行纪》一书中，他写道：“秃落蛮（大关）是东间之一州，居民是偶像教徒，自有一种语言，臣属大汗。其人形色呈褐色而不白晳，然甚美，善战之士也。有环墙之城村甚众，并有高山天险。人死焚尸，用小闸盛其余骸，携之至高山山腹大洞中悬之，使人兽不能侵犯。其

地有金甚饶，然使用海贝……其地商人甚富，而为大宗贸易。居民以肉、乳、米为粮。用米以最好的香料酿酒饮之。”

他所见以及所描述的应当是滇东北一带情景的概括，也符合大关情况。马可·波罗沿五尺道走来，这一带已经不是“蛮夷荒服之极边地”，说明民智已开。待到实行“改土归流”，大批外地军人进入，大量商人和移民涌入，也就有了中原、荆楚、湖广、巴蜀、南滇等地文化的交流，促进城郭建设以及教育的发展，也带来了大量的经济利益，人们思想的开放程度有所推进，才有了更大领域里的社会文明。

汉文化在大通道的大关扎下根来，得地利之便，得风气之先，造就了以汉文化为主体，与当地文化相结合而独具特色的朱提文化。特殊的地理条件、古朴的民风、新融入的各种理念等，为大关孕育了众多的风云人物，也使大关成为人们了解滇东北乃至整个云南的重要窗口。

这就是拥有两千年历史的五尺道给大关带来的巨大和永恒魅力。

大关今天的交通状况比之于五尺道承担重任的时代，简直就是天壤之别。多条高速公路过境，促成县内乡村公路也如蛛网一般四通八达。人们开发旅游业，兴办竹笋加工、茶叶精制、中药材粗制、矿产开发等企业，大关农村的群众即将同穷困告别。承先辈的文化精神气，大关的文化走向新的繁荣，各类协会、文化团体如雨后春笋，异彩纷呈，民族民间文化光彩耀眼，文化大发展大繁荣的新局面在大关这块神奇而美丽的土地上徐徐拉开帷幕。

告别五尺道，但不要忘了它曾有过的功勋；走在新征程的行列里，要牢记我们的时代责任，让大关这颗古南方丝绸之路上的明珠，在新时代的征程放出更璀璨更耀眼的光华！

随马帮走五尺道

ZHAOTONG

从大关到宜宾，全程数百公里，中华人民共和国成立前要出行四川，需走“五尺道”，那时的“尺道”啥样？行走如何艰难？大关一位古稀老人的珍贵回忆，给了我们清晰的答案。

古道回环曲似弧，尘烟孤影淡若无。驼铃声中夕阳晚，君往滇关我向蜀。中华人民共和国成立前出行四川，走过“五尺道”是怎样的感觉？大关一位古稀老人的珍贵回忆，或许可以给出答案。

1946年春天，我要去父亲的工作地重庆读书。当时没有公路，只能步行到宜宾坐船。恰好我家有个亲戚王大哥，是开马店的，他要跟一伙马帮下宜宾做生意，母亲就托他带着我随这个马帮下宜宾，他愉快地答应了。于是在一个晴朗的中午，我们从大关出发了。当时，我还不满十三岁。

这帮马有二三十头，马锅头七八个，每个马锅头固定照看四至五匹马，行走秩序也是固定的。和其他马帮一样，带头马头上戴着红布扎的袍花，颈下挂着大铜铃，一路叮当地响着。马背上架着鞍子，鞍子两边竹篓里装着货。从这天起，我整天的吃、住、行都和这马帮在一起，计划步行9天到宜宾。

我们走的路线是当时的川滇大驿道，基本上是古五尺道的路线，不过它不全是古五尺道，一些路段已是后来的南丝绸

路，但基本方向是一致的。在云南境内，全是沿着关河往下游走。那时的驿道，都是泥石路，最宽不过丈余，最窄处不过两三尺，随山修筑，爬坡下坎，随势弯曲，走起来是很辛苦的。

就在这第一天，我们走到离县城约三十里叫老鹰岩的地方，一座大山从河边升起，高百丈，山坡几乎是 90 度，山顶一个尖石突起，犹如鹰头，雄视下面。马路从山脚穿过，宽不到两尺，山上还不停地滑落着风化的砂子，路面细砂堆积，成了斜坡，踩在上面松

滑松滑的，脚下感到不实在，不小心就会跌下汹涌的关河。我提心吊胆地走着，既怕山上石头滚下来，又怕脚下一滑跌下河去。好在这段不长，只有百十米，走过之后，真有如过了鬼门关的感觉。

再往前行约十里，就望见河对岸的黄葛溪。流传的赶马人《五尺道歌》有一句“过铁桥，黄葛溪，街口高来两头低”，就是这个地方。

这一天，我们就歇住黄葛溪，这里是黄葛乡政府所在地。那时，每个乡镇都有开马店的，都置有宽敞的马厩，里面有几排长长的马槽，马儿卸下驮子，就放进马厩，让它们在马槽里吃草料。草料基本上是稻草，铡成一寸左右的短节，马帮头还会向主人购买一定数量的苞谷，掺在稻草里，增加营养。

卸下驮子后，马锅头们并没有休息，几个人给一些马儿换马掌，有的铡马草，有的煮饭。马帮都是自带餐具，自己开伙，一般都是只带一口铜锅做饭，一口铁锅做菜，碗筷也俱全，做饭全用柴火。傍晚才开饭，铜锅焖的米饭香极了，马锅头都是昭通人，自带的昭通腌菜做的汤也香，吃得真开胃。

晚上就住马店。卸下的马驮子，排成几排，马鞍两边是货物，中间凹下，是天然的床，我取来自带的被卷，铺在驮子上，胡乱洗洗脚，就上床了。马锅头们则取下羊毛披毡，半边垫，半边盖，也睡在驮子上，他们累了一天，闲谈几句就睡着了。

而我却一时睡不着。我们住的马店在黄葛街口，靠一条小溪，溪边有一棵几人合抱的高大黄葛树（榕树），溪水哗哗的流淌声、黄葛树顶沙沙的风声，夹着马锅头的鼾声，马儿嚼草料的喳喳声，组成一片特别的交响乐，我又新鲜，又兴奋，又带着对亲人的思念和一时的

不适应，所以一时睡不着。不过，终是孩子，翻了几翻还是睡着了。

天还不亮，马锅头们就起来了，忙着做早饭，收拾驮子，给马儿喂水。吃早饭时，王大哥告诫我不要讲话，因为马帮忌讳多，特别是早上出门之前，如果不慎在话语中带“翻”“倒”之类的字眼，是不吉利的。马锅头们除了必要的交流，也不多话。吃早饭时，他们不要我自己舀饭，怕我不小心移动着锅，因为早上吃饭时的饭锅是不能移动一丝的。吃了早饭，大家出门，马锅头们立刻活跃起来，或大声吆喝着马儿，或互相开着粗野的玩笑，或长声吆吆地唱着我听不懂的山

歌，或故意找碴儿与对头来的四川挑夫对骂取乐，专挑对方的“软肋”，双方边骂边走，直到对方听不见。其实他们互相并不认识，更谈不上仇恨，可能是因为地域的隔阂和生活习性的不同，不知从什么时候开始了这样的对骂。而马锅头和云南背夫则绝不对骂，遇到路不好走的地方，还互相礼让三分。这样，一路还颇不寂寞。

这第二天也是沿关河往下游走，走出黄葛约十里，河边陡然升起一壁巨岩，河边无路可走，于是前人凿岩成级往上爬，数十级。岩腰有一凹进的槽子，宽丈余，长数丈，有人在此借岩檐搭起茅棚，摆了几张小桌卖茶，也卖饭，靠外侧砌起石坎，供背哥们放背夹之类。行人爬上来，都要坐下歇一会，有的还买一杯茶，饿了可以买“帽咡头”和酸菜红豆汤。我们的马帮可没停留，继续往前走，前面是下坡，石梯更陡更窄，很多人都用手扒着岩壁攀行，故此地名“手扒岩”。赶马人《五尺道歌》中有一句“四方石，莲花台，观音坐在手扒岩”，写的就是这里。岩上茅棚正中岩石上供有观音菩萨神像，求他保佑路人平安。这个地方，1958年修公路，要沿河走，将岩子炸掉半边，那茅棚已荡然无存，观音当然也消失了。

下了手扒岩，仍靠河走，再行约十里，马路离开河边，缓缓上爬，约行五里，转过一个山嘴，前面山弯深处，突现一个街子，这就是寿山镇政府所在地——大湾子。

马帮穿街而过，没有停留，出街约两里，到了一个山嘴，小地名石门关，靠外的山体直落到关河边，高数十丈，站在路边可俯视关河。1950年土匪唐小初抢大湾子，驻守大湾子的解放军只一个班，两个战士守在石门关，挡了好一阵子，终因寡不敌众，两个解放军战士被逼滚岩，直跌到河边，壮烈牺牲。“五尺道歌”里写“绿井麻柳上大湾，抬头看见石门关”，写的就是这段地方。

过了石门关，前面却是一个平坝，阡陌稻田，风景一变。此地名铁线溪，当年只是一个小村，20世纪70年代，乡政府从大湾子迁到这里，于是繁荣起来。再走几里，在一个叫青冈坪的地方，马帮停下来做午饭，叫“歇稍”。马儿卸下驮子，放在路边空地上，马锅头给每一匹马的嘴下挂一个麻布口袋，口袋里装着草料，它们也吃午饭。马儿真聪明，口袋悬空吃不到草料，它们低下头，将口袋触地，就可以吃草料了。马帮都在中途地面宽阔，有人家户的地方歇稍，柴水方便，可以买蔬菜，也方便放马。这个地方可能来歇稍的马帮很多，所以《五尺道歌》里说：“铁线溪连甘海子，青冈林头把马拴。”午饭不像早饭那样忌讳，可以随便说话，也可以移动饭锅。

歇稍后，上了驮子，继续上路，这个马帮不走大关垴那段古五尺道，而是向右分路，走不远，路往山下弯，转了几个弯，路边突然出现一个很壮观的庙宇，红墙，红门，红柱，山门前有一个宽敞的走廊，摆了七八张长方桌，庙里道士卖茶。走廊外沿，是一溜木制栏杆，栏杆内侧连着窄窄的座位，供人歇息。这里就是有名的云台山。我和王大哥上走廊去喝茶，马帮则从走廊下转弯下行，立刻不见了踪影，只看到岩上丛生的灌木。灌木丛中冒出一些挑夫，个个汗流浃背，气喘吁吁，到了庙前，他们都上走廊来歇脚，买茶喝。这条走廊，人来人往，十分热闹，我走到栏杆前，往下一看，惊心动魄：悬崖数十丈，关河在崖下奔腾咆哮。我喝了几口茶，进庙里参观，一进大门，是一个庭院，两厢是神坛。迎面不是房屋，而是一片白岩，高数丈，岩顶一帘流水，潺潺下落，形成一面细瀑，院内因而雨雾迷茫。石阶和庭院石板上长着绿绿的青苔，可见是常年如此。更奇特的是，在岩瀑的突出处或凹进处，高高低低，塑了不少道家神像，大的有几尺高，小的则高不盈尺，姿态不一，彩色装饰，神采飞扬。我当时感觉到仿佛是进了一个神仙洞府，奇幻、深邃、神秘，一种莫名的气息向我袭来，我被镇住了。

为了追赶马帮，我们不敢多停留，走下马路，一转弯，才发觉这是一条在岩崖上凿开的石级路，弯弯拐拐，宽不过八尺，每道拐长不过两三丈，甚至拐接着拐，两边都是灌木，把路笼罩着，拐了二三十道，终于下到关河边。回头望去，既不见来路，也看不见道观。这是古南丝绸之路的一段。1958 年修公路，从云台山脚炸开了一条路，原来那段路就只有附近赶场的农民在走。

往下走约五里，走到高桥河注入关河的地方，名叫大关河，有几户人家。高桥河右岸，即我们来的这个方向，高山耸立，山梁上一条小路像蛇一样扭扭曲曲在岩石和灌木丛中时隐时现，从山顶直达河边，和马路会合，这条路就是古五尺道，山顶就是大关垴。可能因为这条路太难走，所以后来才开辟云台山这条路。有人问：从大关河到大关垴多少里？当地人回答：上山十里，下山五里。乍听觉得很奇怪，想一想就会明白，这只是当地人估计的里程，根本是不准的。原话的意思是上山困难，要花走十里的气力，而下山只须花走五里的气力。

从大关河往前走，经过《五尺道歌》中“要吃凉水小关溪”的地方。再行十里，到了五尺道歌中“稀里哗啦三大炮，庚梯云坐在石格闹”的地方。这里有几家小店，我和王大哥走进一家小店想歇脚，忽然从桌子下面窜出一条狗，在我右腿肚上咬一口，跑了。我一看，腿肚上有两个牙印，没出血，主人连赔不是，我感觉不大痛，也没计较，起身走了。

离小关溪不久，就可以望见远方半山腰吉利铺街子，当年吉利乡政府所在地，但相距尚有二三十里，一时是走不到的，所以当时人们形容“看不见的大湾子，走不拢的吉利铺”。《五尺道歌》里也说：“大梨树，小梨树，弯弯拐拐吉利铺。”从石格闹开始，马路缓缓上升，走了很久，在接近吉利铺的路面上，一长段石板路上有很多马蹄窝，说明这是古五尺道。吉利铺有两条平行的街，一条房屋比较陈旧的“老街”和一条房屋比较整齐的新街。在当时，五尺道上有两条街的集镇唯此一处。这天，我们就歇吉利。吉利铺为什么会在山腰？因为吉利铺街背后是一匹悬崖，崖脚就是关河。

第三天，马帮从吉利铺缓缓下坡，又回到关河边。这里有一个小街子，叫黄荆坝，当年只有十来户人家。1958年修公路，从吉利铺岩下经过，吉利乡政府后来迁下黄荆坝，于是荒凉了吉利铺，繁荣了黄荆坝。

从黄荆坝起，一直沿河走，经过马蹄石、老母城，到了豆沙关脚下。此处关河两岸山崖壁立，极其险峻，所以，豆沙关街子修在崖头上。那时，豆沙关还属大关县，称豆沙镇。马路弯拐着上山，这里每块石级板上，都留有深深的马蹄窝，这是几千年马踏留下的印迹，所以，这一段是真正原始的古五尺道。当年我还未知唐碑一事，王大哥可能也不知，他只热情地向我介绍路边的石海螺，对门岩上的石猪头、悬棺等等。那是我第一次看到岩葬，实在是惊愕迷惑不已。《五尺道歌》里描写：“豆沙关岩子高万丈，僰人子埋在悬岩上。”

爬到豆沙关街上，一道石砌圆顶拱，门头上刻着“滇南第一关”五个大字，当时我想，这名字取得似乎不妥。第一，它的地理位置不在滇南，第二，从地势上看，倒是防滇的，而不是防外的。若是滇军入川，川军在此防守，可确是万夫莫开了。不知什么时候，这五个字换成了“石门关”三个大字，这可能是近几十年的事。

这天晚上我们住豆沙关，街道比黄葛、寿山、吉利都好，也热闹些。晚上，马店隔壁旅店门口，一个八字先生样的中年人，戴顶宽檐呢帽，抱着一面月琴，自弹自唱，歌声细雅，吸引了许多妇女围听。

第四天，马帮从豆沙关那头下山，又到关河边，但马帮却不沿关河边走，却左拐沿会同溪上溯，开始爬山，翻黎山顶。王大哥说：上山三十里，

马帮

下山三十里。上山的路曲曲弯弯，尽是泥石路。这天下着毛毛细雨，整个山被浓雾罩着，不见面目，我们在云雾中艰难地走着，沿途荒无人烟，歇脚的地方都没有。那个八字先生也背着月琴跟上来了，看见我是学生模样，和我攀谈起来，记得讨论过《三字经》，他还分了我一片八卦丹。中午，还爬不到山顶，马帮就山坡上埋锅造饭，八字先生消失在云雾中。不久，听见雾中几声吆喝，然后出现一个人影，走近一看，原是个小伙子端着一屉半冷不热的“猪儿粑”来兜售，看来离山顶不远了。黎山顶的猪儿粑很有名，我买了一个品尝，皮厚，中间包一小点糖，并不好吃。我想，一定是行人走到这山顶上，饿了，吃什么都美味。中饭后，马帮继续前行，果然不久就到了黎山顶，真的名不虚传是个“顶”，山巅上只有一个像鸡冠样的山梁，马路从“鸡冠”上掠过。“鸡冠”长约五十米，居然有十来户人家，有两三家专卖猪儿粑。在一家的墙上，不知是谁题了一首小诗，现在我还记得：“黎山顶上云雾多，东西两面都是坡。猪儿粑粑吃几个，一气跑下大关河。”看到黎山顶的形势，我才明白为什么马帮会在下面歇稍了。

马帮穿街走完“鸡冠”即行下坡。下山也陡，尽是石板砌的阶梯，在细雨中很滑，梯步又高，人和马都艰难地走着。但路很宽，聪明的马儿下梯步时不低头直下，而是横着走几步，侧身下一梯，掉头走几步，再侧身下一梯。从上往下看，只看见一长溜马儿转来转去。山这边比山那边风景好，不时有人家户和庄稼地。下到半坡，山势渐缓，下午到了山脚小河边，一转弯，又见到了关河，河对岸就是盐津县城。1958 年修公路打通了豆沙关脚下的岩子，又修了马铃岩隧道，关河岸全线贯通，黎山顶这条古道，再也无人走了。

走过关河上那座摇晃颠簸的铁桥，到了盐津县城住下了。可能是这天走得太艰苦，晚上我腿上狗咬的伤发了，第二天早上，腿肿了，痛得不能下地，不能走了，而马帮不能停留，先自走了。王大哥急了，带着我遍街找医生，条件是必须当天治好，医生们都摇头。这时，走过来一个农民打扮的中年人，说他可以治，约好中午几点去他家拿药。中午我们找到他家，他走在碓窝里舂些绿草草。舂碎后，敷在我腿上，用一块旧蓝布捆起，要钱也不多。这天下午，腿肿就消了，我可以像正常人一样走路，旅店里的人，个个称奇。但为了不再发，决定坐一天滑竿，条件是必须一天赶到四川筠连追上马帮，抬滑竿的人答应了。

第六天，一早从盐津出发，为了一天赶到筠连，走的是一条捷径，出街就爬山。我年小，体轻，滑竿走得很快，王大哥在后面呼哧哧地跟着，一路很少歇息，只在川滇交界叫兴隆坳的地方停下来吃顿中饭。

走过兴隆坳，开始下山，进入四川境内，看到前面丘陵起伏，山清水秀，田连阡陌，比起云南这边，大不一样。下午，到了筠连县城，找到了头天出发的马帮，大家都很高兴。

第七天，从筠连到高县，第八天经珙县到来复渡。这一路，地势平坦，道路舒缓，我们走得很轻松，我的腿也不再痛。第八天，来到浩浩的金沙江边，对岸就是宜宾，我激动得几乎要大喊大叫。

马帮不过江，就在江这边结束了他们的旅程。回忆这段经历，至今很感自豪。一个不满十三岁的少年，跟着马帮远行，基本上是徒步千里，今天的孩子能做到吗？今天的父母能放心吗？

多元的大关寺院文化

ZHAOTONG

历史文化现象，很多是通过宗教形式来表现的。宗教是一定历史时期和社会条件下的文化产物，也是时代文明的一种表现。从商铺栈房众多到寺院兴盛，这些现象折射出县城当年曾经有过的繁华，展示了大关作为五尺道上重要驿站多元文化交汇点的历史文化底蕴。

步入香火鼎盛的寺庙圣地，解读尘世沧桑的流年岁月，倾听暮鼓晨钟的清吟梵唱，感悟玄奥深邃的微妙禅机，可以多角度、全方位、立体式地感悟大关寺庙文化、历史文化的博大精深。

在昭通市范围内，大关县是除水富县之外，地域最小、人口最少的县。从清朝雍正初年设厅建城以来，县城已有近三百年历史。然而，在当初长不过里许、人口四千左右的县城，却有许多令人慨叹的现象，诸如商铺比肩、客马栈林立、小吃精美等等，尤其是庙宇殿阁众多，几乎是百步一庙，有的甚至是毗邻而建。每逢会期、庙节，百姓扶老携幼前去顶礼，庙堂香烟缭绕，钟磬声不绝于耳。从商铺栈房众多到寺院兴盛，这些现象折射出县城当年曾经有过的繁华，展示了大关作为五尺道上重要驿站多元文化交汇点的历史文化底蕴。

大关县城内城郊可以略数的寺院庙祠大概有 30 多座，有官府出资而建的庙宇，有百姓筹资修建的寺院，也有私家建筑的祀堂。从教派而言，儒道佛殿宇兼具，尤以道家的居多；有的是顺应民风民俗所建的各类小庙，规模不一，祀神杂芜，可谓林林总总。

儒家祀所——文庙

主奉孔子、孟子及众多先贤，亦称孔庙、黉学、黉宫，规模较大，由官府兴建。儒家是学派而非宗教。儒家学说中的修身齐家、治国平天下以及推崇君臣父子尊卑、立德修身的道德理念，形成一个完整的学术体系，历代统治者大加推崇，引申为治国理念，建庙祀祭。在神化孔子的过程中，人们有意无意，或多或少地掺杂了些宗教成分，祀孔之地也便称之为庙。

清雍正六年（1728 年），乌蒙“改土归流”，设大关厅，建治城于雄魁垴，后以缺水遭火灾，迁于翠屏山，又再迁养马坝，于雍正十二年（1734 年）筑城垣，历一年多时间，县衙及城垣竣工。县厅在城西关河对岸的金龟山建文庙。因地势狭小，且路远不便行春秋之祀，道光九年（1829 年），同知曹锡

寿令移建于城东，仅有正殿、东西两庑。道光十七年（1837 年），同知姚延之令于正殿后建崇圣殿。此后渐次增修，遂成规模，有大成殿三间（祀大成至圣先师；实为一间三楹格式，下同）、崇圣殿三间（祀亚圣孟子）、东西廊庑各三间（祀孔子弟子、传人）、戟门三间、棂星门一座、东西牌坊各一座，另配有厨房、省牲所、泮池、照壁等设施。大成殿额悬“德其畴载”大匾，照壁书“万仞宫墙”四个大字，筑有围墙，占地较广。清代为春秋两祀，民国年间改为孔子寿辰祀。祀期极为隆重热烈，礼数繁多，县内官宦、贤达、乡众必到，通常有三四百人之众，一般由县长主祀。抗战开始，祀礼减少，场地闲置。民国二十八年（1939 年），县内创办中学，就其地略加修葺而办，逐步拓展为现今大关县第一中学校园。

佛家庙宇观音庙

民间多信奉观音大士，县境内所建观音庙以及与之有联系的诸如普贤、文殊、送子观音、千手观音等寺庙颇多。县城南栅子门双龙桥侧，

双龙寺全景

由民间筹资所建观音庙较早。其地为深谷，号称灵官岩的悬崖，十分险峻，是五尺道上扼川滇通道的要隘。雍正年间当地民众在近侧建观音庙，规模不大，建筑简陋，历年失修而颓废。当今，翠华镇联合村民众复其旧制，于双龙桥侧建双龙寺，主奉观音，兼奉其他。栅子门今为黄连河景区的又一入口，该寺之建，为景区添一文化景观，游人于此憩息、观瞻。

古刹翠华寺　位于县城东隅，民间称之为观音阁，始建于雍正年间，其后名噪川滇，被称为“滇东北第一名刹”。

据民国十六年（1927年）大关县知事李承祖所颁第560号训令《令翠华寺僧通术》为翠华寺明确产权的碑刻记，雍正年间，宣威移民尹智及婿李枝凤、王晴认垦翠屏山土地，李、王二人晚年无嗣，均削发为僧，即其地建观音阁三间。乾隆年间，经分府会首及地方士绅募化，续建真武殿，又建愍慰祠于南山门内，立李枝凤、王晴之牌位为纪念。此后陆续建有观音堂、千手观音殿，配有亭榭、鱼池，寺庙初具规模。其后，众僧人

翠华寺

在寺院前后种桂树、茶树，广种牡丹、芍药，造就出幽静典雅环境，外来游僧多在此讲经礼佛。

翠华寺坐落在大关县城南郊翠华山腰，始建于雍正年间，迄今200余年。在民国时期各类的记载里，丘岗环抱，林泉幽深，青藤缘墙，竹影摇曳，是一个极为清净的出尘之地。寺内右有观音殿，左为玉皇阁、雷祖庙，正殿悬有提督唐友耕题写“甘露流珠”横匾；陈鹃题联云：“翠色拥山岗，杨柳枝头甘露润；华崖开世界，桂花香外白云飞。”正殿檐际有张赞卿手书“桂绕莲台”横匾；其余的匠额、题联都是晚清、民国时代文人遗墨，其中提到的“桂花”是翠华寺里最弥足珍贵的灵异之物。据民国《大关县志》记：丹桂有两株，植于玉皇阁前，主干参天而起，枝叶青碧如盖，悠悠馨香袭人。更有奇特处，每逢霁雨初歇，丹桂的叶片上便有星星点点的斑纹闪现，并拼组成一个“贵”字。何以如此？玄机奥妙，无人参悟得透。恰因这丹桂点染的氤氲，翠华寺蜚声滇北，成为大关

翠华寺佛塔

名胜。

翠华寺是“翠华贡茶”的原产地。僧人在寺前庙后植茶树80余株，品质优良。僧人们又长于制作，每清明前后所采新茶堪称上品，其色金黄，纯系手工制作。据称，官府曾将精品送慈禧品尝；僧人每到峨眉朝圣，也奉茶为贡，“贡茶”之名由此而来。1915年，其产品被选送巴拿马国际博览会参展，获商标二等奖。

“关阳十景”中的一景与翠华寺有关。翠华寺山门前两株高大桂树，花开时节，香飘山城，地方文人多于其时在寺内雅会，品茶赏桂吟诗作赋。人们见桂树渐萎，发现叶背有虫噬之黑纹，盘旋屈曲，极似“贵”字，便以此命名“翠华禅桂（贵）”，其实就是称赞翠华寺桂香花繁，桂花酒香，游人颇众，自成一景。

曾任省政府秘书长的大关人吴良桐《悼翠华寺桂树》

诗云：

桂树双株数百年，浓荫满院势参天。
分枝应斗人间少，“贵”字成纹叶上圆。
如此奇花为世重，何来妖物尽根穿。
回乡不见婆娑影，一度流连一慨然。

民国三十六年（1947 年），张维翰返籍省亲，后有记述：“至寺中仰瞻，喜先人手泽犹新，而殿前成抱双桂早已枯萎伐去，寺中住持补植二株，欣欣向荣。”便拟一联相赠，联云：

风景未全殊，野寺寻碑存古迹；
沧桑经屡易，莲台补桂嗣先芬。

邑人张铭琛《为翠华寺题对》：

登临眼界空，看紫气红云辉腾大地；
啸傲心情畅，集青藤白石藻绘关山。

道家寺院

道教属于中华本土教，在大关流传的历史悠久。县境内土著民族是今日县内彝胞的先民。彝胞尚火尚黑，供奉火神、黑神。这种祀奉同中原本土道教有密切关系，两者相结合而以寺庙形式出现，这是五尺道凿通后带来的文化融合。

道家所奉神灵较为杂乱，从自然崇拜到天地崇拜，再到尊崇历史故事、民间传说中的英雄人物，由是，大关县城道院崇天、地、人、神，什么都有，大抵由民众因需而立。县城民众来自四方八面，按各自的习俗与需求，有钱出钱，有力出力，建起众多道家寺院。因为县城不大，这就出现庙寺相连、庙中有庙的独特现象。

玉皇阁　翠华寺周围土地广阔，可以居高俯瞰县城。道教传入后，人们便在翠华寺后边建起规模不算小的玉皇阁，尊奉玉皇大帝及所谓“诸天之神”，也就是老百姓所称的“老天爷”们。寺内有道士住持，晨钟暮鼓，香客络绎。

玉皇阁侧建有雷祖殿，供奉主司雷布雨兼有司生杀大权的雷神，道家称为雷祖。这属于玉皇阁的偏殿式建筑。所谓殿，其规模一般为一间三楹式，有相对的独立性。大关是山区，那时没有水利设施之便，耕地种田要靠苍天降雨，人们对上天有较大的依赖性，雷祖殿的修建表明人们盼水垦田的心理需求。

祖师殿　雍正十三年（1735 年），县城建成后，官府出资在关河西侧金龟山脊建文庙，规模不大，后嫌其远而迁建于翠华寺之前，于是以翠华寺为中心形成儒道释并集的宗教建筑群。

金龟山文庙搬迁后，乡人利用其址建祖师殿，奉元始天尊、灵官天尊、道德天尊，道家称这“三清”为祖师。

其侧建有高三层的镇山宝塔，内有木梯，登其顶可远观县城。塔的正对面就是让人闻名生畏的倒马湾。这是进入县城五尺道上极其险峻的路段，行走路上的人、马，稍有不慎就会跌下悬崖，滚进滔滔关河。

马王庙 位于城南养马坝演武厅（今文化广场南侧）的马王庙，在民间有较大的影响。其庙奉马祖，也就是善于相马的孙阳、王良等“伯乐”。古代，马是重要家畜，用于征战和运输。《后汉书》记：“马者甲兵，国之大用。”说的是征战要靠马力。驮运物资靠的也是马力。五尺道上马帮穿梭，马的重要性可想而知，人们对马的倚重变成对神的崇拜。《周礼》记“春祀马祖”，证明对马祖的崇拜历史久远。道家认为马祖就是天房星，即所谓天驷、龙马。雍正八年（1730 年），左营游击肖德功苦于县城无马王之祀，乃筹资修建，内奉房驷、常辉以及周穆王“八骏”之一弭和众“伯乐”神位，并在该地广植林木。庙成后，肖德功撰文刻碑，称其“楹奂烟焕而庙巍峨”，足显其规模。后因年深日久，无人管理，以至墙倾垣颓。清末民初，乡人又筹资重建，足见人们对马的情感。就是在当今交通运输条件有了极大改善的情况下，马仍然是山区人民不可或缺的运力。

火神庙 民间有“火为一家之主”的说法，源于燧人氏钻木取火。火改变了人们的生活方式，人们奉之为神。雍正“改土归流”之前，大关有无火神之说，无可稽考。但大关城垣新建后，县人便在城南郊建火神庙却是事实，只是规模不大，也无住持之人，仅供人们“取火送火”之祀，点几炷香而已。

火神庙之侧建有小型“字库”一座。它既不同于寿山镇石门关前的字库塔，也不同于寺院山门内外的化钱炉，而是专用于官厅焚烧文稿和民间燃烧字纸之用的。

据长者回忆，这座字库坐东向西，高七八米，四方形，共三级，下大上小，逐渐收缩，各层四周均开有葫芦形孔，第一级孔较大，供投弃废纸火化，上面之孔为出烟孔。

字库的修建，倡导了“敬字惜字，崇儒尚文”之风。19 世纪 40 年代，县城人常见一位慈善长者手携白布口袋，所过之处见有字废纸便弯腰拾起装入袋中，待口袋装满后，送字库焚之，由是小小县城街上很难见到废字纸、废旧报纸弃地现象。字库的建修，开了一时的好风气。

黑神庙 西汉初，汉高祖刘邦自谓黑帝临世，建黑神庙，各地便仿之效之。后人由黑帝推及开去，引奉刘、关、张，其庙亦称忠烈宫。雍正年间大关城垣完备后，于城北正街建黑神庙，梯台式建筑，从石梯上去是正殿，南北两向各建二层廊庑，与正殿齐。庙后广有土地。民国年间，由省教育厅拨款利用其场地开办民众教育馆，设阅报室、图书室、民众茶室，还举办成人教育班，常年有七八十人就读，多为家庭贫困无力就读小学的大龄青年，习文化课以及技艺课，经年余时间学习后回家乡从事小学教育。民教馆兼有群众文化教育和职业教育的功能。

武　庙 县城北郊距黑神庙不足百步之遥建有武庙，阶梯式建筑，四合院格局，正门通道楼上为戏楼；拾级而上是面西之正殿，主奉义神关羽；南北两侧为廊庑，昔日县人多于此看戏。1950 年，大关民众庆解放，在此演出文艺节目，当上演京剧《贵妃醉酒》时，参会领导以为不合时宜，起身离席而去，演出便告终止。随后，武庙改作区公所驻地。人民公社成立，成为公社办公地。20 世纪 80 年代，改其地为翠华镇完小。

城隍庙 道家奉城隍为守护神，专司扶正祛邪、守护城邦之职。这正符合封建统治者之意，所以各地建城之后，必定要建城隍庙。

《易》曰：“城复于隍。”隍，水也。有城有水，是为城隍之始，俗谓城隍神。到唐代封之为王，宋以后祀遍天下。明太祖封京师城隍为帝，各府城之城隍视庙规模之大小，分别以王、公、侯、伯封之，宣扬官府管阳间事，城隍管阴间事。

大关建厅城后，由厅署主持，在城内凹腰街斜坡下建城隍庙，四合院格式，占地较广，有戏楼，大殿供阎罗等诸神，门额悬“从善如流”巨匾，宣扬“善有善报，恶有恶报”。每逢县城有大型活动，必备八人大轿将阎罗请出游行，气氛热烈，惩戒意甚浓。民国时期，该庙多处颓败，邑绅郭干宇、赵远光、胡仲涵等人出资修缮。1952 年作为县土改工作队集训队员的场所，60 年代为县文工团驻地，后分派众多贫民居住，今改建为砖混结构廉租房。

龙王庙　山城每每缺水，一到干旱季节面对旱情，人们无可奈何，依传说故事便想到求龙王。小小山城就有两座龙王庙。

国人自古崇龙，中华民族自谓“龙的传人”，于是有了龙王行云布雨，能为民间解除干旱之苦的说法，各地便有龙王庙的兴建，多在水源充沛处建庙。

县城外北正街（今法院）之侧有如一般民房大小的一座龙王庙，与其他民房毗邻，规模不大，奉神简陋。庙后有一股泉水，却是常年不涸，每到干旱季节，街上的水井缺水时，这里便会有众多的人排队接水。进入新世纪扩街时被拆除。

另一座规模较大的龙王庙建在城东南隅的龙洞出水洞前。在人称龙洞的地方，叠页层岩石下有几个暗洞，深不可测，而水质清醇，冬暖夏凉，泉水汇成的水流灌溉着城南先农坛的万亩农田。光绪十四年（1888 年），四川籍人龙文署大关同知，组织人力修简易水堰，将龙洞水引入县城供住户饮用。继之，他组织人力在出水处建龙王庙，既有祀龙惜水之意，又收管水控水之功。龙文书联于庙柱：

山石拥层云，争佐神龙作霖雨；
岩泉飞瀑布，隐随鸣鹤透烟霄。

龙文后任昭通府知府，辟清官亭供人憩息，足见他对水的深

龙洞石刻

情。他依恋大关，1920 年以 80 高龄卒于昆明，令其后人运棺至大关县城后山，与其夫人合墓，意在长伴龙洞水。

1945 年前后，县人将“龙洞清泉”作为“关阳十景”之一。

民国年间，龙王庙因年久失修而败颓，县人郭朝英力主拆除重修，历十余年而未成，洞前遂成旷野，仅有当年种植之 20 余株高大乔木默默地见证着龙洞当年的堂皇景象。

龙洞出水洞侧有一突兀巨石，上有流水，水自岩石漫过，形成瀑流，下有深潭，瀑水飞溅，轰轰作响，每当雨过天晴，一道彩虹映于潭上，极为壮观。瀑流侧岩石上刻有“德大称师”四个大字，经风霜剥蚀，其字已很模糊。民间传言，这是据同治八年（1869 年），身为四川提督的县人唐友耕领兵由川入滇，过大关时题赠举人孙发元匾上的字，为孙所拒。传说归传说，据《大关县志》（张校本）载，碑字为光绪二十七年

（1901 年）同知陈乔崧亲书，匠人刻制，旁有“永禁采石”禁令及时日，这应当是可信的。

近年，大关发展旅游业，计划利用此地自然景观以及人文内涵建设龙洞公园，供县城居民休憩娱乐，漫步健身。

川主庙、禹王宫 县城外南正街建有川主庙，供蜀主刘备牌位，禹王宫供奉的是传说中治水有功的夏禹。两座小庙的建修反映了县城人及郊区农民对水的期盼，寄希望于虚幻的神灵以求护佑。禹王宫早已颓废，川主庙除已划归住户的片区外，就其址于 1975 年兴办翠华镇城关小学。

财神庙 随着五尺道上商旅接踵、运输繁忙，各地商家纷至沓来，他们中的许多人在县城落户安家，逢年过节，门上张贴财神，意在求来年财源滚滚。这种心态的集中表现就是大关人出资兴建的财神庙，有了庙，就可以经常敬香祈祷，以求赐福。县城建成之后，人们便在南城墙外建财神庙，奉文武财神。这种信仰，源于民间传说。武财神是姜子牙的大将赵公明，为黑虎玄坛元帅，功成后被封为财神，领招财童子、利市仙官等神，给民间送

大关普贤寺

财。文财神为商纣时的丞相比干，农历正月初二为其寿诞，民间为之举行祭祀，人们争抢着初二烧头香。其庙曾兴盛一时，后颓废。民国年间，国民党大关县党部机关设于此。20 世纪 50 年代组织合作社，设印刷社于此。

县城内还有文昌宫、忠烈祠、南华宫、万寿宫、张爷庙、白庙子、土地祠等各类小庙，反映了民众的多种信仰。

会馆与家祠

会　馆　大关县有一些属于会馆性质的建筑，人们不称会馆而以庙为名。“改土归流”设厅后，沿五尺道而来的一些外地军人留驻大关，于此垦屯；外地商贩、移民也大量拥入，成为县城的主要居民。出于自我保护和便于相互联络聚会之意，来自同一地区的人便建起祀奉当地神灵或是祖宗牌位的会馆，有事相约开展活动，在山城可以略数的就有江西庙、湖广庙、广东庙等。

家　祠　一些外来家族在大关成为士绅大户，他们便倡建家族的祭祀、集会场所，规模都不大。祠内立有族中先辈神牌，相约逢年过节举行祭祀活动，以体现家族的实力。县城内外有李家祠、郭家祠、王家祠、孙家祠、曾家祠等等，现今多已废弛，有的改办学校。王家祠改称普贤寺，今人筹资重建，殿宇宏大辉煌，神像巍峨庄严。寺内广种花卉，四季花香；庭院清幽，有僧人住持，顶礼观光者众，为县人假日休闲场地，有公交车往返，方便了游客。

多元文化的汇集交融

历史文化现象，很多是通过宗教形式来表现的。宗教是一定历史时期和社会条件下的文化产物，也是时代文明的一种表现。宗教与邪教截然不同。国家宪法保护公民的宗教信仰自由。研究历史或一个地方的文化，会涉及不同时期的宗教兴衰。

人类从茹毛饮血到钻木取火以熟食生存，从游牧状态进入农耕时代，对大自然有极大的依赖性和崇拜性，许多难以解释的现象被虚化为神灵的作用，便产生了敬天敬地、信奉神灵的心态。这种心态又不断通过代际传递而得以根深蒂固，被智者渐次提升为较为系统的宗教理念。这是生产力极度低下、缺乏科学知识时代的早期社会文明。

人们从对祖宗、先贤的崇敬与缅怀而有了各种类型的祭祀活动，这是东方文化的典型表现。宗教形成以后，人们又有了对神灵的膜拜与敬畏。这样，家族礼义与宗教祭祀便合二而一。各个民族又有自身的图腾崇拜与种种祭祀祛邪的活动形式，各自形成体系，一方面满足族人的心理诉求，另一方面又起着凝聚民族心的作用。加之历代统治者从维护统治利益而大加推崇，宗教信仰便在老百姓心中扎下根来。

道教是中华大地的本土教，主张“道法自然”“道德天下”“天人合一”，崇尚“上德不德，上德无为而不为”，要修身养性，依道而行。这种观点具有朴素的辩证唯物观。《尚书》谓：“德者，国之基。”面对战乱对老百姓造成的危害，道家提出战后应当“无为而治”，让百姓休养生息；主张清静无为，其实是无为而无所不为。就是儒学大师孔丘也要“师老聃”，说明道学也极为深奥。

儒家思想以孔子学说为代表。他主张恭恕、中庸、仁爱，讲究忠、孝、礼、义，主张德治天下、礼行教化。这种思想为历代统治者所推崇，历久而形成东方文化的代表。董仲舒提出“独尊儒术”，宋代赵普以《论语》而治天下，全国各地到处有文庙，同时也就把孔子神化了，每年的孔子寿诞之祀是极为庄严而隆重的。由文庙推及开来，便有了武庙祀奉讲义气的关羽、忠烈祠祀精忠报国的岳飞，把尽忠尽孝、讲仁讲义推向了极致。

佛教自南北朝由印度传入中国，隋、唐时期达及鼎盛。佛家宣扬普度众生、清心寡欲、因果报应、诵经祛灾，崇尚慈悲为怀、悲天悯人、修行成佛等思想。南传、汉传佛经具有很强的哲理性，符合民众“求解脱，成正果”的心理。正如恩格斯所说“存在就是合理”，于是佛寺、佛堂便遍及大江南北。

五尺道交通运输的蓬勃兴起，各地民众纷纷涌入大关这样一个交通要隘，也就带来了各自所需所崇的外地文化而与本地土著民族的文化相互依存、共生共荣。众多寺院崇尚的偶像恰恰又符合民众驱恶向善、期盼安宁、祈求幸福的心理。除去官府倡导而出资修建的寺院之外，民众尽管衣食不丰，也愿出钱出力建庙，以此寄托自己的心理追求。一个小县城，寺院比肩的现象是大关特殊地理条件和人文因素的历史必然。

本地土著民族（彝族先民）大多信仰一种“万物有灵”的原始宗教，或称本波教。随着大规模的移民开发，这种原始宗教同传统道教很快融为一体。儒家学说的拓展，佛教教义的传播，诸多教化理念又相互结合。商业大通道的繁荣，精道于商贸的回民也进入大关图发展，伊斯兰教也在县内传播。清代中期，西方文化渗入，基督教、天主教也在部分汉族区和苗族聚居区扎根，县城郊外的石灰村、高坎社和天星凉风坳都建有教堂。

大关县城地域虽小，而教类齐全，多元交融，你中有我，我中有你，既有包容性，又有渗透性。即如县内翠华寺那样较为正统的佛教寺院，也供奉道家尊崇的玉皇大帝、日月二星、十二元觉。这种现象恰恰反映了大关僧道信众的“三教合一”观和胸贯大千世界，包容万事万物的理念。诸多教派能够在这块面积不大的土地上和谐共存，正是大关人胸怀包容又长于接受新事物的品质，也正是中华民族固有的包容性和和谐相处优秀品质的缩影。

吉利镇小寨村花秋兴隆庙遗址

大旗山上的一支起义军

ZHAOTONG

清咸丰年间，发端于大关境内的李、蓝农民起义，队伍曾发展到60余万人，活动范围遍及黔、滇、川、鄂、陕、甘6省，坚持6年之久，沉重打击了清朝统治，客观上有力地支援了太平天国起义。

巍巍大旗山，挺拔伟岸，记述关河历史，直接见证几千年。

曾记否？秦开五尺道，汉墓五铢钱，袁滋持节题摩崖，黑胯将军殉难。坉上李、蓝举义旗，“万人坑”埋葬了多少英雄好汉？你曾听见民国护国军的马蹄“嘚嗒”，又见过共和国聚歼顽匪的硝烟。

旗山之巅，关河两岸，旌旗猎猎飘扬处，马蹄声声急如鼓。斗破霜雪，菊花犹带露。俱往矣，烟云散去，鸦噪枯柳，呜咽关河悲歌一曲。旗山依旧翘首，敢问英雄何处？

在洛泽河与关河交汇处，直立起一座大山，从寿山方看去，形状像一面大旗，巍然矗立于河边，山之雄伟高耸，峰之奇异独特，山梁道道，凸壑层层，起起伏伏如飘飘大旗。山后是寿山镇柑子村和天星镇斜文村，历史上称坉上。坉上风云变幻，曾经写下壮丽诗篇。清雍正八年（1730年），云贵总督鄂尔泰遣总兵哈元生领兵在大关境内“改土归流”，曾在坉上与彝族首领血战多次，后因彝首领黑胯将军孤军奋战，力单势薄，终遭全军覆灭，黑胯将军不愿投降，投“娃娃

海”溺死。战斗中死伤的彝兵及其家属被葬于苦寨的两大坑内，史称“万人坑”。

咸丰八年至九年（1858—1859 年），一支震撼清廷半壁河山的滇东北起义军，李、蓝起义军曾在大旗山后的坉上起义、建军，后挥师北进。

坉上建军　拜旗起义

咸丰八年（1858 年）六月，曾经营马帮护镖的昭通人李永和与威宁人蓝朝鼎，因在五尺道上护镖被查拘，脱逃后因不满官府的“征税苦商”，聚义贵州威宁观音山，提出“打富济贫”口号，曾到黑土河打过安姓土目，将其粮食分给农民。在观音山驻扎两个月后，便率领百余人的队伍于咸丰八年（1858 年）九月经恩安向大关进发，攻大关，意图入川复仇。由于大关县城牢固，李、蓝义军围城近月攻不下，便拉上队伍驻扎到大旗山后的坉上。

李、蓝义军于十月到坉上后，便拜旗起义，树旗称王，因李永和拜起了军旗，便称“顺天王”，部队称“顺天军”，实行五牌建制，由李永和统军（称“李短鞑鞑”），邓伯仁为谋士，张五麻子（国富）、蓝大顺（朝鼎）、蓝二顺（朝柱）、卯老五（德兴）、吴四探子等各统一牌，唐泽波（友耕）在第五牌。在坉上练兵，实行战略防卫。现存的哨所（营盘）有麻窝瞭望台、鸡蛋山哨所、陈大胆哨卡、陈家营盘、余家垭口、肝子湾营盘、大老包营盘等地。

有驻兵的大洞子，在今柑子村委驻地向北约 5 公里处坪子社山岩下，洞高 15 米，宽 18 米，深 60 余米，可容百多人。秋人洞，位于斜文村铁厂一社环岩上，洞内有约 100 平方米宽敞洞厅，曾驻过兵。

铁厂吴家老宅成了义军指挥所和军事训练基地，斜文顶下宽敞的缓坡地带建大营开辟练兵场，按“牌”的编制组织军事训练。现在还存拜旗堡和祭旗台遗址。

坉上屯兵期间除组织军事训练外还打击地方团练和地霸，

李、蓝起义军在天星斜文村吴家老房子，李、蓝义军活动的地方

抗击清兵的围剿。

挥师向北　所向披靡

李、蓝义军，志不在滇而在川，他们怀着为被冤杀的弟兄复仇之心，在坉上养精蓄锐之后，自认羽翼已丰，议定率军经五尺道入川，与宜宾知府英汇及汪觐光、徐璋等仇人决战，于咸丰九年（1859 年）八月统兵向四川进发。

咸丰九年（1859 年）八月初八日，义军主力向四川进军，途经牛皮寨，队伍已发展壮大，原来的“五牌”建制已不适应，必须扩大编制，加强队伍整顿，便借牛皮寨的有利地形在队伍休整过程中进行整编。当时的义军队伍经过沿途的扩招已上万余人，在牛皮寨行“五营四哨”的整编后队伍庞大，军纪严明，军械服饰得以补充，八月十五日祭旗誓师，挥师向四川进发，行军到落雁，击败了驻守当地的清军和民团吴四毛子部队。

咸丰九年（1859 年）九月初八日，落雁之战后义军在没有遭遇什么抵抗的情况下进入筠连县城，代理知县仓皇逃遁。义军开仓赈贫，得到了人民群众的掩护。

李、蓝起义军当年入川时经过的吉利铺

洞子弯岩洞粮仓，是当年李、蓝义军储藏粮食的地方

九月十一日，义军进军高县，县令遁逃，清军望风披靡。十三日，挺进庆符（今高县境），知县武来雨自缢于县衙，义军进城，受到人民的欢迎。义军六天之时克三镇后，叙州府（今宜宾）守军，已是惊恐万状。

九月二十日，义军各路人马汇聚叙州城下，据真武山、翠屏山，形成包围之势。蓝朝鼎率部进驻吊黄楼，防堵犍为、嘉定、隆昌、富顺等方面援军。李永和部于叙州城外校场坝与清军遭遇，义军怀义愤之心，阵斩叙府千总赵三元，捕获平安营守备马国良，典史王槐生。马、王后因唐友耕叛变被放回。

二十四日，蓝朝鼎在吊黄楼凭有利地形，运用“鹰闪翅”战术，击毙前来围剿的清军提督马天贵，参将高克蹇。此役震惊了四川总督曾望颜，他一面飞报朝廷，一面谋划“贿和”之计，以缓时日。

十一月初八，李永和在攻叙州城不下后，留蓝部继续围

城，他率一部分兵力向犍为进发，占铁山，以其有利地势，建立铁山根据地。

蓝部围叙州五十余日而不克，乃向岷江进发，据五通桥盐场，接纳盐工入伍，队伍迅速扩至 10 万余人。

咸丰十年（1860 年）一月，李、蓝合军在犍为全歼提督蒋玉龙，总兵虎松林部 2500 余人。二月，蓝朝鼎率部在富顺县秀才坡设伏斩杀清军副将张万禄，回师荣县，驻防五里浩，建立基地。三月，蓝部攻克自流井、贡井两大盐场，数万盐工加入义军，蓝部扩军达 20 万之众。

此后，蓝部向川西进军，连克数十州县，纵横千里之遥，声威大震。此时，李、蓝义军总兵力达40万之众。

咸丰十年（1860年）十月，蓝朝鼎率部10万人入什邡，径取富顺牛佛渡，义军各部旋集于此，各路首领聚会。时有四大主力：一为李永和、卯德兴所率之部据铁山；一为蓝朝鼎、蓝朝柱所率主力到处游击；一为周绍勇部在川东游击；一为张国富、张第才部游击川中，自成一军。牛佛渡会议一是确定了各大主力分兵进击，席卷川境，打乱清廷部署；二是派主力南下，接应已入川的太平军石达开部，形成合力；三是向北进发，攻略绵州、眉州两大重镇，威逼成都，形成攻取全川的局势；四是建立一定的根据地和政权组织，广纳人才，获取民心。

激战四川　京师震怒

咸丰十年（1860年）十一月起，义军各路纵队纵横四川全境，驰骋巴山蜀水，形成全川攻略态势。蓝朝鼎部攻略川西平原之新经、灌县、崇庆、大邑、夹江等地后攻遂宁、克安岳、据资阳、围潼川、兵围绵州。李永和部据铁山，攻占蒲江、彭山、名山，扩大根据地范围，率20万众进围眉州。张国富、张第才率军攻荣昌、大足、永川，继破壁山，占乐至，于铜梁大败清军，威逼重庆府。咸丰十一年（1861年），张第才发动定远二郎场之战，毙湘军悍将黄淳熙，全歼湘军果毅营。周绍勇率部入川东，再克壁山、大足、永川、垫江、涪陵等县，在涪陵西北之鹤游坪扩建根据地，以接应石达开入川。

此时的巴山蜀水，硝烟四起，旌旗飘扬。京师震怒，咸丰皇帝紧急抽调湘军悍将骆秉章入川。

咸丰十年（1860年）十一月，李永和攻下犍为铁山后，

义军驻地吴家老房子山墙留存的壁画

称顺天王，建年号称“顺天元年”。明令“不交租、不纳粮、不抢劫、不淫掠”，“杀尽贪官污吏，扫清胡腥”的政治口号，很得民心。遗憾的是咸丰十一年（1861 年）三月，蓝朝鼎所部 40 万兵力围攻绵州后遭清兵重兵围剿，蓝朝鼎在麻柳湾遭伏击被杀害。从此义军由高潮转向低谷。四月，李永和率 20 万众从铁山出发围攻眉州，时骆秉章已率湘军入川，击败蓝朝鼎部后反攻李永和部。同治三年（1864 年）三月，李永和被迫放弃铁山，退至泸州、富顺、隆昌三县交界的天洋坪，后与清兵血战天洋坪、八角寨，最后在犍为龙孔场，李永和与卯德兴被俘，押成都处死。

抱恨巴蜀　关河悲歌

绵、眉之役的失利，使李、蓝义军丧失了几十万人马，元气大伤。同治二年（1863 年）正月，蓝朝柱打起蓝大顺旗号，率蓝朝鼎余部 2 万余人入陕，以洋县为根据地，九月，克汉中，据周至，扩军至 20 万众。同治三年（1864 年）二月，在周至一战中，毙钦差大臣、西安将军多隆阿。曹灿章部在与湘军肖庆高部的决战中失败，突围至八里坪，为清军所俘，被残忍处死。

三月，蓝朝柱在安康被民团杀害，其部下蔡昌龄由湖北郧西入陕，与太平军合兵，被封为昭武王。他率军与湘军总兵肖余胜决战，大获全胜，取肖的人头。九月，蔡部克略阳，占阶州。后被湘军周达武部掘地道、埋炸药炸开城墙，清军拥入后，生俘梁成富，蔡昌龄在与清军进行巷战时，受重伤英勇战死。

李、蓝义军的最后一点星火终被扑灭，带着推翻清政府，救民于水火愿望的乌蒙健儿们，终于抱恨巴蜀，魂留关中。

咸丰九年（1859 年）九月，李、蓝义军向北入川后，留守坉上的义军和百姓，惨遭清兵屠杀，待清军撤退后，幸存者才逐渐回到故地，

农耕自顾。被杀者仍丢入苦寨万人坑掩埋。

李、蓝起义，队伍曾发展到60余万人，活动范围遍及黔、滇、川、鄂、陕、甘6省，坚持6年之久，沉重打击了清朝统治，客观上支援了太平天国起义。但起义军分区作战，未形成统一的领导核心，各战区缺乏有力的战略配合，绵州、眉州之战又采取长围之策，进行阵地决战，终致失败。

“春风不识兴亡意，草色年年满故城。”（北宋司马光《过洛阳故城》）岁月的风雨，湮没了沧桑的往事。然而，垒块石以为高山，不弃砂砾之积淀；积跬步以至千里，勿忘举步之维艰。史事留存记忆，意在属望明天。

今日大旗山，岁月沧桑，迎来新世纪的巨变，看“铁龙”隆隆穿腹而过，高速公路正在脚下伸延，立交桥织就秀美图景，传奇的大旗山更加巍峨壮观，令人景仰慨叹！

斜文村吴家老房子，李、蓝义军活动的地方

第二章

磅礴乌蒙　山水大关

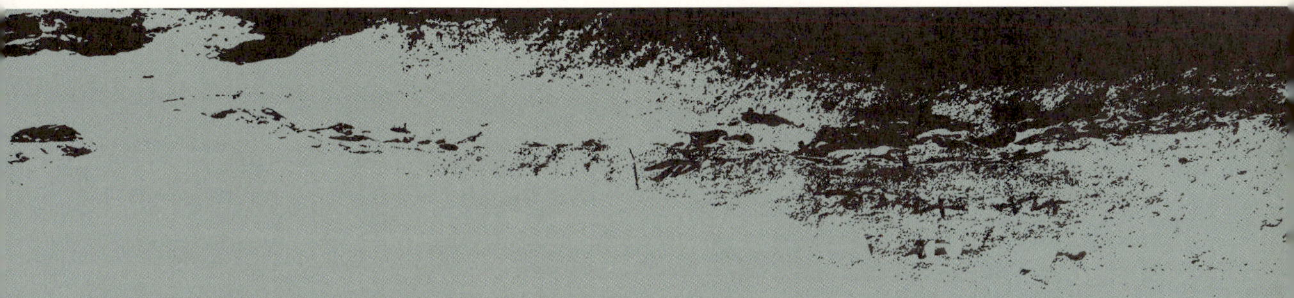

大关县拥有丰富旅游资源，涵盖黄连河瀑布群、青龙洞峡谷溶洞、罗汉坝原始森林、三江口自然保护区、云台山古道驿站“四片一线”，面积约 220 平方公里。其中，国家 AA 级黄连河风景区游览面积 107 平方公里，景区内有大小瀑布 47 处；全县有筇竹 10 万亩，占全世界筇竹资源的主要分布地——中国西南地区的 43%，享有“瀑布之乡”“筇竹之乡”的美誉。

文脉神韵笔架山

ZHAOTONG

大关人都把笔架山当成养育大关文化的神山，笔架神山养育一代又一代的大关名人。那形似笔架的高耸的笔架山始终矗立在关河峡谷间，大关人就是靠笔架山孕育自己的才干与智慧。古往今来，大关人就是在笔架山的孕育下建设大关，走出大山，走向四面八方。

世界之东边，有个地方叫大关。巍巍乌蒙山，大关有座笔架山。

大关笔架山矗立奔流不息的关河西岸，对面有俨如屏障的翠屏山，南面有形如大轿的轿顶山。笔架山便成为山中山，并以其山势陡峭，巍峨雄伟，高耸入云，逶迤奇险，风光秀丽而备受世人瞩目。数十座山安放在乌蒙山中，且酷似一座展开笔架，谓之笔架山。民国时期，大关才女游绍斌诗作《笔山》：

三峰高耸接瑶光，一架天然列案旁。
莫道凌云无大笔，千年横扫有诗王。

《民国大关县志稿》云："特角山在县城二里，层峦叠翠，顶多云雾，林木阴翳。"又云："笔架山即特角山之高峰，极高处约三百六十丈零，主峰号笔架朝晖，为关阳十景之一。"

大关笔架山属于乌蒙山系，海拔达2000多米，处在横江的两条支流关河、洒渔河间。深圳笔架山、紫山笔架山，以及井冈笔架山与大关笔架山相比，方显逊色，无法与她媲美。深圳笔架山为十余座小山峰的丘陵起伏地，三座主峰海拔高度不足 200 米，略显平淡。位于惠安和泉港交界处的紫山笔架山海拔也只有 750 余米，略显小气。距茨坪西南面 35 公里的井冈笔架山可与大关笔架山相提并论。两者因地形不同，环境差异，风格各异。海拔只有 1357 米的井冈笔架山早已不再使用笔架山名，恢复井岗杜鹃山这个名字。大关笔架山就成天下最具神秘的笔架山。

大关笔架山在翠华镇金海村背后。金海是大关最小的村，常驻居民约一千人，多数居住在关河边，对生态环境没有多大影响。笔架山的半山腰有一平缓地带，山形像一只大乌龟，这龟趴在金海村，故名叫金龟山。这座金龟山头朝南，尾朝北，有句顺口溜："金龟山，金龟山，吃云南屙四川。"生活在这里的人便想到，为什么云南这么穷，四川很富裕？金龟须把精华留下。清朝道光末年，有人便在龟背山上修建了一座红塔。可惜，这座塔年久失修，现只留下土石墙圈，为大关县文物保护单位。大关十景还有一景叫"金龟烟树"，是说大关县城观察到金龟山的一大景色。太阳落山，金龟山上劳累一天的村民回家生火做饭，那飘逸的炊烟漫过山间，以笔架山为背景，炊烟与树林形成一道绿树萦萦、青烟缭绕、时隐时现的美丽景观。现在的金龟山，一派新农村气象 ，金山下有村，村中有树，树中有房，房间有路。每逢春天，金龟山满山的桃树怒放，这里便成为花的海洋，实

现了“金龟烟树”到“金海桃花”的华丽转身。有人把顺口溜改成：“金龟山，金龟山，桃花开满山。金龟山，金龟山，牵四川富大关。”

笔架山，大关人心中是座神山。她的神可以用几个字来形容：俊秀、色迷、浪漫、清新。春天郁郁葱葱，翠色欲滴；夏天满山遍野，花香四溢；秋天果实满山，红黄相间；冬天冰雪覆盖，银装素裹。不管你在何时投进她的怀抱，都能感受她的浪漫与温情。

笔架山的神奇在于她的俊秀。大关笔架山从山脚到山顶，无数根山梁弯曲陡峭，俊俏秀美。一层层丛林、一棵棵大树、一片片花草覆盖大山，绿染笔架。当春风吹拂笔架山，山上那些树木就开始孕育绿色和生机，笔架山海拔高差大，山脚温度上升，山顶还有积雪。山脚的花草树木开始吐绿。在温暖阳光的照耀下，慢慢地，渐渐地，山顶积雪退去，逐步变绿。半把月，整座山就会披上绿装。这时谒拜笔架山，你一定享受到寒冬过后的快意，享受到春风送暖的感觉，享受到天然氧吧的清爽。笔架山的夏天香气十足，好似仙境。各类花草默默绽放，整个笔架山洋溢着花的香味。笔架神山，养育神树。像鸽子花这种世界级的名花也会在这个季节怒放。早在100万年以前曾广泛分布在地球上的世界珍稀植物、有植物“活化石”之称的鸽子花就生长在笔架山和翠屏山中。鸽子花就是国家一类保护植物珙桐，她原产我国而誉满全球，那紫色或白色的珙桐花由多数雄花与一朵两性花组成顶生的头状花序，宛如一个长着“眼睛”和“嘴巴”的鸽子脑袋，花序基部两片洁白的苞片，则像是白鸽的一对翅膀。珙桐花开，张张白色的苞片在绿叶中浮动，犹如千万只白鸽栖息在树梢枝头，振翅欲飞。

“清晨一缕神光照，笔架朝晖映眼帘。傍晚万道霞光跃，翠屏晚照似仙境。”笔架山的神奇在于她的“色迷”。笔架山的秋天更具神韵：田间金黄的稻子，地里成熟的玉米，山上红黄的树叶，

林中成熟的硕果，构成秋季的美丽景观。笔架山的晚景与金色有关。笔架山的金色晚霞美得让人窒息。劳累一天的太阳准备藏起她那美丽的颜容进山休息，她要在笔架山上一展她的风姿，用她的金色迷住生活在这里的人们。每当傍晚，那高耸的、俊俏的笔架山尖，一轮通红的、刺眼的巨大火球会在山尖慢慢移动。她不断变化姿势，或大或圆或红或紫，慢慢地、悠悠地展示最后的浪漫。金色的余晖穿过关河峡谷，直奔对面的小城镇和翠屏山，袖珍的县城像一座金色的“宫殿”，错落有致，金色耀眼。翠屏山就会失去其本色，变成一片金黄。太阳把最后的一片彩霞洒向大关的山山水水，洒向大山的片片森林，洒向养育人民的肥沃土地，孕育新的希望。即使在冬季，冰凌光顾笔架山，雪花把整个笔架山覆盖严严实实。笔架山的天气有些寒冷，但色彩仍然迷人，只是她变成一个穿着洁白婚纱圣洁无比的“白色的新娘”，矗立于关河峡谷间，一月半月不出你的视野。用山脊显露、满身洁白、神圣高贵、圣洁典雅来描述她的美貌就不足为怪了。

笔架山的神奇在于她变幻莫测的“神雾”。大关的雾最具神气。笔架山的云雾是天下最美丽风景。雨后的云雾灵气最佳。那一片片似人脸庞，又似动物身影的云雾从关河中慢慢升腾，不断变换姿态，飘过一山又一山，集聚笔架山顶，把笔架山装扮成时隐时现、时明时暗的人间仙境。这幅笔架神雾仙境图可谓蔚为壮观：笔架山直插云霄，站在山尖的云雾便有了直接与天空相恋的机会。她脚踏笔架山，手牵浩瀚的天空，放眼看世界。笔架山东北面有世界著名的黄连河瀑布群，雨后的黄连河同样有多情的云雾。原来，黄连河山的云雾在向他招手示爱。如壮汉的笔架山云雾就会三五成群地向黄连河进发，去与如曼妙的黄连河云雾幽会。他们飘过董董山，跨过关河岸，来到黄连河，在瀑布群旁，在黄连河山中，寻觅他们心中的恋人。只要与黄连云雾相遇便消失在黄连河茫茫绿色的海洋里。神雾飘过，笔架山也会把最美丽的彩虹奉送给生活在这里的人们。那美丽的彩虹一手牵着笔架山，一手牵着董董山，头顶一片薄雾遮盖的天空，一展她那红橙黄绿青蓝紫的美丽与自信。随着从原远方飘来的阳光，最多个把时辰，彩虹便消失在笔架山中。

笔架山神奇在于她的清新。无论何时来到笔架山，这里是养身的天堂，天然的氧吧。吸一口新鲜天气，满身的自在，更会忘记世间的所有不快。这里也是各种植被茂盛生长的天堂，这里有极高的森林覆盖率。生活在这里人们对她的一片痴心、一片厚爱。在笔架山方圆几十平方公里的范围内，没有一个高污染的企业。居住在笔架山下的村民没有不爱惜她的。山上的树木，他们舍不得砍一棵，山梁上无数的花草快乐生长，他们会精心呵护。

关口关寨多，谓之大关。大关拥有这座笔架神山，这座神山养育大关文化，孕育大关文人，培育大关人格。那狭隘的大山意识、保守的峡谷意识固然抑制大关进步，而培育开放、创新理念就像登笔架山一样困难。不过，大关人很有自知之明，也会看到自己的“软肋”，就有了一个个靠攀登精神和吃苦意志走向一个又一个巅峰的典范。

“大关人杰地灵，文化底蕴深厚。”这是大关人最自豪的描述。大关人都把笔架山当成养育大关文化的神山，笔架神山养育一代有一代的大关名人。那形似笔架的高耸的笔架山始终矗立在关河峡谷间，大关人就是靠笔架山孕育自己的才干与智慧。古往今来，大关人就是在笔架山的孕育下走出大山，走向四面八方。民国初年，土生土长的大关女性曾出国留学如游绍斌，她们成为民国年间最有知识的女性。历史上大关出现许多影响较大的杰出人士，尤其是在近现代史上，英雄志士血洒祖国大地，文人墨客传播先进文化，革命先驱承前启后，他们不怕艰险、勇攀高峰的励志精神和创业成才的感人事迹激励一代又一代的后人。曾为台湾当局“监察院”代院长的张维翰文思敏捷、才智过人；曾为云南省政府秘书长的吴良桐有“神童之目”之称；曾任云南省政府副主席、副省长龚自知注重云南教育改革。这些名人都有一个共同的故乡大关，都有一个共同的经历经受过笔架山文化熏陶。

游孟庄为大关守备游清臣之女，为民国《大关县志》主要撰稿人，可以算昭通历史上第一位女作家，不也是生活在笔架山中吗？！她被张维瀚的才干感动，在《大关县志》中给张维瀚“立了个传”。她在给张的信中这样写道：“写史不将在世的人写入史书，但大关县人民都为你成为国家栋梁骄傲，你是大关历史上最有为的人，写上你能够激励家乡人民。”笔架山培育了游孟庄的灵性，她的诗文俱佳，既美妙又有寓意。她的《偶成》：

写罢黄庭意自闲，远村忽见起炊烟。
凭栏自数梅花影，已过中庭第几砖。

《秋夜看流萤》：

数点秋萤绕华堂，忽明忽暗自飞翔。

阿婆待月帘前坐，笑看孙儿扑捉忙。

她在教育子女更有建树，并给侄儿写了一首诗：

不负阿姑教诲心，颂诗三百自成吟。
而翁似汝年华日，已有文声动士林。
光阴浪掷自无成，老大徒伤戒后生。
诲汝谆谆须奋勉，从来治学贵专精。

同样生长在笔架山对面、翠屏山中的张维翰在台湾刊印了第一部《大关县志》。张维翰出生大关县城，有笔架山的灵气，足智多谋，文采飞扬。从他的诗可以看到他对大关的思念和对笔架的赞美。他的《癸丑元旦抒怀（1913）》云：

人日邀朋集草堂，神州北望倍怀乡。
灞桥柳色撩人望，庚岭梅蕊断客肠。

他在《还乡杂感》又云：

卅年行役喜初还，忧患余生鬓发斑。
后起英多同辈少，万人空巷迓乡关。
峰回路转水潺湲，柳暗花明入故山。
三径未荒松菊茂，庭柯得眄自怡颜。
含饴承笑忆趋庭，老圃黄花祖德馨。
檐际牓书看尚在，敢将先训负西铭。
自怜雁阵早惊寒，万里云天一影单。
嫂氏倚闾思子切，阿咸客死尚相瞒。
当门笔架郁崔巍，竞秀争奇列翠微。
似为人归俱展笑，朝朝相对有晴晖。

先人手泽尚如新，大字擘窠笔有神。

今日莲台方补桂，吴刚休再伐为薪。

像张维翰这样的文化名人在他乡也不忘大关，更不忘那座笔架神山。

崇拜笔架山，亲近笔架山，站在笔架山观赏大关风景，那可是一番难得的景象：浏览胜景，开阔视野，心旷神怡，浮想联翩。黄连飞瀑，董董山峦，翠屏山岗，关河奔流……这些景色会尽收眼底，一览无余。

攀爬笔架山，靠自寻山路。生活在笔架山中的大关人，很多都攀登过笔架山。当地的文化部门会在元旦、春节、五一节庆日组织登山。二十多年前的元旦，著名演讲家、时任大关县长的蔡朝东组织过一次别开生面的登山比赛，县级机关干部职工、翠华镇的村民均参加，且要三男两女组合的五人队。比赛的路线从县城广场出发，下到翠屏山脚，跨过奔腾不息的关河，再向笔架山顶攀登。全长有五千多米，路程不长，过了金海村庄，就得自寻山路。我们五名队员还算年轻，但哪是笔架山下那些村民的对手，我们用了一小时三十多分钟的时间，好歹得了个鼓励奖。在山顶的简易颁奖仪式上，蔡朝东也到现场说了一番激励人的话语：“获奖名次并不重要。艰苦的磨炼能让有身居笔架山、蕴藏文化的大关人不畏艰险，站在如笔架山顶的高度看精彩世界。”大关人亲近笔架山，苦于没有一条通往笔架山的游路。一位在大关挂职的省级机关干部，争取来资金实现了大关人的心愿。笔架游路从关河到笔架山顶，多为梯步，水泥路面，那弯弯曲曲的游路隐藏在大山深处。

亲近笔架山，就得与之“亲密接触”。如今，笔架游路从关河到笔架山顶，多为梯步，水泥路面，那弯弯曲曲的游路隐藏在大山深处。一个阳光明媚的周末，我背上相机，独自沿着游路攀爬，用了两三小时才到达山顶。站在高高的笔架山，观察大关县城百年变迁。一位朋友发来一张 1886 年一位美国学者拍摄的大关县城照片。百年前的大关县城还是一个小山村，一条深沟从村庄顺山而下，沟边生长着许多树木，有几十间民房，其余全是梯田和山地。部分笔架山和董董山脉也出现在照片中。百年弹指一挥间，大关县城可谓“翻天覆地”。而今，一个开放、绿色、袖珍、休闲的县城展现在苍翠的翠屏山下。校园内有百年银杏树的大关一中将著名的翠华寺掩盖，摆放在北面的翠华镇中呈现现代化气息，新建的佳园小区取代了臭水庙，南部新区取代了层层梯田，石厂新建的敬老院忽隐忽现。县城袖珍可爱、清新诱人，其核心区域高楼林立，错落有致，绿树成荫。龙洞路、文化路、顺城路、辕门路、黄连河路、王家寺路等主要街道依稀可见，行人穿梭，车辆涌动。

站在高高笔架山巅，观察东南侧的黄连河群山，那奇、秀、幽、雅构成的黄连河山水画卷定格在乌蒙山中。尽管无法一一观察到黄连河瀑布群内几十条瀑布的风姿，但有一个落差高达 142 米的情郎瀑布会进入你的模糊视野，瀑布从大山间飞流而下，在绿色大山中像飘带。只要在黄连河大山中行走过，那些形态各异、个性独特的瀑布就会再现在你的脑海里。著名诗人李瑛曾赞叹黄连河，他在《我的另一个祖国·黄连河》诗中这样描述：“那野谷的飞瀑群，刺骨的冰水比钢针还锋利；跌跌撞撞，奔腾激溅，发出金色的幽光和喧响；是远祖的汗和泪吗，每滴都源自苦难的血缘，以无限活力滋养着每一朵野花和精壮的草籽。哦，睁着黑亮黑亮的大眼睛的黄连河，我的忧郁的惹人疼爱的黄连河，你的淳朴得发苦的名字，你的意志力量，你的高贵的尊严和勇敢的灵魂，美丽得使人痛苦。”李瑛是在大关因过度垦荒发生 1997 年“五六”重大自然灾害时踏上大关这片土地的，他用忧伤的语言描述黄连河的美。今天，黄连河早已绿树成荫，山清水秀，瀑布清凉，风调雨顺。

“山水大关，生态大关；笔架神山，天下大关。”大关人携手呵护这片神迷而美丽的圣地，携手共建这片生态而文明的宝地，携手构建这片开放而小康的高地。一个开放、文明、生态的大关，永远定格在世界的东方。

英雄引清泉 饮水当思源

ZHAOTONG

20世纪五六十年代、勤劳勇敢的大关人靠简单的劳动工具，靠钢钎大锤、锄头撮箕和人背马驮，用59个生命和数万人的血汗，经历19年浇筑了40余公里的出水堰，后普遍被人们称为大关的“红旗渠”

在悬崖峭壁上施工

从玉碗镇一个名叫出水洞的地方，山崖下大大小小几个山洞流出的水归总到一条人工水渠，顺关河东岸连绵起伏的山腰，蜿蜒曲折流向县城背后的翠屏山，再折向雄魁，流到岔河头顶上的田园村，全长79公里。这就是大关人民历四十多个春秋修筑的出水大堰。

四十多个寒暑岁月，前后几万人的艰苦奋斗、顽强拼搏，玉碗、翠华两镇关河东岸的两万多亩靠天下雨才能种庄稼有收获的农田，有了永不干涸的水源，一万多农民群众的饮用水和上万头牲畜的饮水得到保障。

费尽移山心力，大关人民终于改天换地。北方，河南林县人开凿了有名的红旗渠；南方，昭通市大关县人民建成的出水堰，同样展示出人类的伟力和百折不挠的精神。人们把这条水渠称为“大关的红旗渠”，因为它也是人民群众在一面面红旗的指引下，用心血写成的诗篇，用生命谱就的乐章。

大关是山区农业县，但大片山地没有固定水源，即使山沟里有点小水流，也形不成灌溉网络，还得靠天吃饭。很多

地方，就连人畜饮水都成问题，还谈什么生产丰收，谈什么走向富裕。

大关县境内不是没有河流，五条大河在关河大地上纵横切割，形成山峰连绵，峭崖壁立。河水滚滚东去，就是不光顾山腰，翠屏山一带的农民世世代代都在盼水。

水是宝贵的。对人类而言，水是生命之源；对农业而言，水如同人必须有血脉一样。关河水浩浩东流，能不能让它为关河两岸人民造福？当年的大关县委、县政府的领导，提出了这个前人不敢提出的话题。共产党的宗旨是为人民服务，人民政府就要为人民办实事。从这个话题一提出，从这个决策一制定，在党和政府的领导下，大关人民开始了一场自力更生、艰苦奋斗改变命运的决战。

1958 年 8 月，在全国开展轰轰烈烈“大跃进”形势的激励下，县委、县政府组织水利专业技术人员对关河水进行考察，做出决策，要把关河水引上高坡，解决上万亩农田的灌溉和数万人生存的问题。向荒岭开战，在绝壁上凿沟，这需要多大的决心！敢为人先，敢做前人不敢想的事，需要多大的魄力！“世上无难事，只要肯登攀”，这就是大关人的气质。

玉碗镇出水源海拔 1800 米，县城后山翠屏山一带海拔 1100~1300 米，引水溉田是可行的；出水源有充沛的水资源可以利用，修渠方案是可行的。出水源头，山岩下大大小小 9 个出水洞流出的水，源于昭通坝子径流 160 平方公里的盘河水的下渗，总流量 2.7 立方米 / 秒，年储流 6900 余万立方米，难怪汇成关河水后能够浩浩荡荡向下游走去。关河水沿途汇集了洒渔河、洛泽河，流到吉利铺以下，便称为横江，然后汇入金沙江。用好出水源的水，关河东岸翠屏山一片山地将永保无虞，旱涝保收。

“大跃进”年头，就要有点跃进的精神。开始，这条水堰叫作跃进堰。县政府组建了水堰工程指挥部，一位副县长担任指挥长，工区区长麻旺成担任副指挥长，主持着整个工程建设。指挥部就设在工地上。怀着盼水梦的 2500 名民工背着简单的行李，自带粮食，扛着挖锄、十字锹、钢钎等极为简陋的工具，头顶骄阳，开进丛林深箐，扎营岩畔沟侧，沿工程线路摆开了一字长蛇阵，拉开了向悬崖峭壁进军的战幕。

从出水洞到县城后山 30 公里的路段是全线最为艰巨的工程。工程一开始，民工们面对的就是最严峻的挑战。听听沿途这些悬崖的名字：老虎嘴、猴子岩、蜂子岩、九道拐、阴山沟、罗锅凼，还有这样那样的大岩之名。听其名就足以让人心惊胆战，更不用说还要在这些地段上凿石修沟了。

工程是如此艰巨，人们又没有先进的生产工具。没有挖掘机，没有风钻，全靠人工一锤一锤地敲，一锄一锄地挖；没有

❶ 出水源头

❷ 20 世纪 60 年代修建出水堰时的施工场景

足量的炸药，民工们自制黑火药；没有胶轮车，木工们自制木轮车。使用着原始形态的工具，同悬崖巨石拼搏，其难度是可想而知的。

民工们的生活条件也极为简陋。他们住的是帐篷，吃的是自带的玉米面、荞面、洋芋，喝的是水沟里潺潺的细流。

陡峭山崖，野蜂噬咬，吓不倒有志气的大关人；工具简陋，血泡成茧，挡不住盼水的人们；粗茶淡饭，风餐露宿，大关人决不畏缩，决不后退。

青壮妇女组成妇女营、娘子军连，男青年组成尖刀连、突击排，向峭壁悬崖宣战。炮声隆隆，尘烟滚滚，锤声叮当，喊声阵阵。为了自己的生存，也为了全县的发展；为了这生命之水，也是致富之水，任是什么困难也不在话下。

不久，修建双河堰的民工们发挥连续作战精神，转战出水堰，摆开了从县城到雄魁村二十来公里的战场。为了引来山泉浇田园，一批又一批民工，轮流奋战在悬崖绝壁上。凭着摆脱生存困境的胆识和气魄，在没有组织经验、没有通信联络工具的情况下，靠钢钎挖锄，肩挑手抬，短短两年时间，大关人硬是在绝壁上、在深箐中凿出57公里长的大堰基槽，渠道枢纽及沿线灌渠、排洪沟等配套工程相继动工，堰渠也部分通水。

水是清澈的、纯净的，是明亮的、甘甜的。通水地区的人们，看到泉水流进家园，流进干涸的土地，心潮起伏难平。掬上一捧，吮上一口，心里感慨万千。这是大关人用血汗，甚至是用生命换来的！

两年时间的顽强拼搏，50多公里长的堰渠上，就有59位民工壮烈牺牲，魂留青山。每一公里堰渠上就有一位民工的英魂守护，这是何等的壮烈，又是何等的震撼人心！

上万人的筑堰大军，他们并不都是翠华镇的民工，也有来自县内众多乡村的。为着县委、县政府制定的目标，为着玉碗、翠华两镇的农民能摆脱旱涝灾害的困境，他们毫不犹豫地聚集在跃进红旗下，同无法想象的困难做斗争。在筑堰大军队伍中，有父子上阵，有夫妻结伴，有姑嫂联手，有兄弟同伍，一个个无所畏惧地担当着重任。

两个来自上高桥乡的回族姑娘，一个是还未过门的“准嫂子”马金花，23岁；一个是“嫂子”的小姑撒玉翠，21岁。豆蔻一样年华的姑娘，相约走上大堰工地。她们干活是那样的主动，那样的卖力。有一天，吃过午饭，想到早上工地上一块巨石还扎根泥土中，影响下午的工程，两人相约去刨根脚，不料，巨石轰然滚下，把两个姑娘砸得鲜血四溅，体无完肤。两朵刚刚绽放的鲜花就这样凋谢了，在场的人无不潸然泪下。

在水堰工地上，民工们都熟悉的副指挥长麻旺成牺牲那天，消息瞬间传遍整个工地，人们首先是惊呆了，继之是禁不住热泪流淌。大家对他平日里积极负责的工作、平易近人的态度深怀敬佩，同时对他勇于赴难的精神无限尊崇。1959年4月，在匡家梁子工地，要下工了，一排炮的引线点燃了，数着一声声炮响，还有一炮没炸，这是闷炮。点炮手正要前去排除，麻副指挥长挡住了他：“你去休息。我有经验，我去！”然而，就在他刚走近炮位时，闷炮突然间炸响了，一场谁也不愿看到的事情发生了，麻旺成被炸得鲜血长流。他走了，时年37岁。人们悲痛万分；他走了，留下的是人们对他永远的怀念。

59位英雄，就有59个令人心灵震撼的故事。他们的每一个故事就是一个闪

亮的勋章；把他们所有的故事汇总起来，那就是大关人民世世代代心中矗立的丰碑。

工程并没有结束。1974 年，出水堰工程得到省、地各级领导的关心，在停工多年后又重新上马，大堰的名称改成了出水堰，意在让它永远通水。总结了筑堰初期的经验教训，在接下来的 9 年建设期中，工程指挥部确立“强计划、分步骤、保质量、求效益”的施工方案，务求建一段成一段通水一段。又是万人上阵，县城各单位包括街民在内都分了任务，城乡人民齐努力，造就了出水堰工程讲质量讲成效的有序建设期，展示出一个个新的辉煌。

1976 年，渠道主体工程以及到黄连河段的防渗衬砌完工，通水 24 公里；到 1979 年，完成黄连河到阴山沟段的衬砌，通水 44.7 公里；到 1981 年，尾段 12.4 公里的渠堰全部建成。

从 1983 年到 1994 年，地、县两级分批投入资金处理险段，维修堰渠，力保安全通水。民工们完成渠首 12 公里沟渠的三面衬砌，到 1996 年底，完成延伸段 9 公里的补砌工程；到 2001 年底，大堰尾段延伸到永康，到田园，让更多的群众受益。79 公里的大堰，经过 44 个年头几起几落的坎坷历程，终于全线贯通。

历史将记住 2002 年 4 月 1 日，一声命令，出水堰源头开闸，渠水满载大关人付出的万般辛劳，带着大关人民千百年的殷殷期盼，穿越 10 道骇人的悬崖，流进 10 多条峭壁隧洞，跨过 80 多个涵洞，淌过 125 座“背水桥”，浩浩荡荡，洋洋洒洒，绕过翠屏山腰，给关河东岸数以万计的农民送去脱贫致富的不竭之源。

在出水源头一个长达 500 余米的隧涵头上，人们刻下“英雄引清泉”五个金色大字，有如点睛之笔，对出水堰 44 个年头的修建做了精辟概括。

这是英雄渠。走在狭窄的堰堤上，看上下笔立的石崖，让人目眩心悸；匍匐穿过低矮的渠岸，看头顶犬牙交错的岩石，让人胆战腿软；走上大小桥涵的拱背，哗哗的出水声会让你感到脚下的震动。这是鬼斧神工般的奇迹！是当年鏖战峭壁的英雄们铸就的

出水源头新农村

伟业丰功！是成千上万的英雄铸造了坚韧不拔、艰苦奋斗、顽强拼搏、自强不息的出水堰精神！

这是富民渠。出水堰的修通，灌区上万百姓和上万头大牲畜的饮用水有了保障，数万亩农田有水浇灌，即如1985年、1987年，大关遭遇干旱之灾，出水堰灌区仍然获得丰收。有水，带动了相关的产业，利用渠水的落差，一座装机2×1250千瓦的水电站建起来了，年收益50万元；黄连河旅游景区利用出水堰的供水，能保持水帘长廊、大滑板等景点水流不断，招来无数游人，大关的旅游业兴旺起来。

“上善若水”，感谢上苍为我们提供了取之不尽的出水洞泉水，滋润着关河大地，养育了奋进不屈的大关人；感谢为修筑出水堰付出血汗、付出生命代价的筑堰英雄们，他们为大关人民改变命运铸就了扎实的基础工程，给我们树起一座永恒的精神丰碑，永远激励人们前进。

大关十景美哒哒

“大关十景”之景名形成应在19世纪后期，历经百载而于今，定景拟名郭瑾襄，是大关贤哲。大关县城一带，旧时被县中寓公文人墨客诩为“关阳”，“大关十景”初时亦称“关阳十景”。

打开旧《大关县志》，有“大关十景”一条。载曰：“大关崇实女学校校长游孟庄序云：吾邑山川灵秀，气象巍峨，惟开辟较晚，虽古色盎然、美景昭彰，但未经名人题咏，以故湮没无闻……”正文对大关十景一一详细注解，并缀以诗词，最后附《洗马晴岚歌》一首。十景以关阳为中心分布县城四周，以据县城而能见者为距。十景自定名成景之后，为一代又一代大关人所铭记，它为大关人带来赏心悦目之意境，也被大关人引为山川胜境之骄傲。每遇有朋自远方来，大关人必将其指点介绍，自豪之情，溢于言表。

一景：洗马晴岚

大关县城外有一个地方叫“洗马溪”。相传唐德宗时宣慰使袁滋来云南设置驿站，曾在此洗马，因而得名。

洗马溪山前清溪环绕，形如玉带，山顶有松柏等林木万余株，枝叶浓荫数里。从县城附近登高远望，洗马溪不独风景如画，且一年四季不论寒暑雨晴，都能独见晴光。四山晴好时，此地特别清明；雨雾迷茫时，诸山昏暗而洗马溪却独见晴光。它不像安徽芜湖的“赭塔晴岚”、湖南零陵的“山市晴岚”要风和日丽时才能见到，也不像一些地方的“晓岚”“夕岚”那样受时间的限制。

1929年4月，县城才学博雅的名士郭朝英曾作《洗马晴岚歌》赞之。当时大关崇实女校校长游梦庄曾石印此歌，作为师资培训班学员毕业时的奖品。

洗马晴岚歌

春雨濛濛，处处雪迷，是山独开霁。

满目晴岚，四时陆离，溪曰洗马溪。

松柏依稀，夷酋故宫，入眼底，桃源深处颖水滨头见难及。

二景：龟山烟树

古代杨时在福建封山居住，著书立说，因封山形状似龟而创立龟山学派；孔子的出生之地峦峰层叠，状似乌龟，而有结龟之地；武汉有龟、蛇二山。这些虽是世人皆知，确不酷似。

大关城西北六七里处也有龟山一座，和大关城隔关河相望，才是名副其实。此山貌似巨龟，与笔架山侧一条被称为“蛇山”的曲折山梁相连，头南尾北卧于大关河道一侧，似引颈饮水，迫使关河之水绕其身而下，山上地埂，有裂痕呈几何图形如龟背之龟裂，遍布山头，山上耕作的农民还能常在地里挖到龟形石头。农户的炊烟弥漫在树林间，与树林互相掩映，形成朦胧的美妙奇观。

清道光年间，同知伊里布来到大关，见龟山前关河水散流，恐财源不聚，民间又有“金龟山，吃云南屙四川”的谣传，特在原有古寺的基础上建三层砖砌红塔一座，以镇塞其流。民国年间，被唐淮源假借定滇军名义，勾引四川匪人窃走塔中百年文物。后因年久失修，顶部倒塌，今只有底层残留，隔河相望，仍赤光耀眼，尚可臆想当年风姿。

相传山上有田数亩，形状方正如石砚，有何氏几代人耕种此田，收成很好，家较富裕，清光绪十四年（1888 年），厅丞龙文下令在塔顶塑魁星神像，以魁星手中文笔反指砚田，称“魁星点斗”。从此砚田年年缺水，何氏因此日趋贫困，几乎难以活命。据说，这是因为魁星手中的笔把砚田水蘸干的缘故。有诗云：

霭云封处，玉宇朱扉。
有山坼若龟，司马伊公。
建塔锁水，至今口皆碑。

古树萦藟，八节笼罩晓烟内。
烂柯人去，朝朝山云随担归。

诗的大意是：瑞云密布的地方，红色门窗的寺庙殿宇十分壮丽，山上田地丝裂如龟背花纹，司马伊里布，建古塔锁住了散流的关河水，至今还在民间流传歌颂。古树上缠绕着常春藤，一年四季都笼罩在晓烟之中。山上砍柴的樵夫，天天都将彩云随着柴担挑回家中。

三景：笔架朝晖

笔架山在县城的正西方，与县城隔河相望，山势巍峨，陡然壁立，主峰海拔 1800 米，此山正中三峰并列，而中峰又略高，如笔架伫立故名，它四季清秀翠绿，被誉为滇东第一秀峰。据说，因此山行如笔架，极为灵秀，又正对县城，人在城中，举目能见，故大关人也大多聪明俊秀，可谓“山灵人杰”。

纵观全国南北诸山，形如笔架的不少，但都只是大体类似。有的中峰低，两峰高；有的左右高低不等，而且大多距较远，不偏左，就偏右，或者峭岩碍目。像大关笔架山形态如此完美，位置又如此理想的却不多见。有诗云：

三笏插云，屏闽障阁，笔架何天然。
文捧朝暾，放晖吐艳，反映入湘帘。
风扫春烟，翥蔚争妍日留眼。
于頔若在，定与百万买山钱。

诗的大意是：山峰像三根古代大臣上朝时拿的手板，直插

云天，山势好似城门的屏障屹立在县城前方。天生的笔架在太阳刚刚升起时放射出绚丽的奇光异彩，这光彩时常反射入县城住户的美丽的门帘内。和风扫荡着春天的烟雾，使那众多的烟雾在山前升腾飞飏，与万物争妍的景象常留眼底。若于頔在世，一定会出百万钱买下此山。

四景：云蝠积雪

云蝠山在县城西南二十余里，因山前左右有两扇山翼交夹，使本山呈现中间高而尖、两侧低而斜的形态，似蝙蝠飞入云天，故名云蝠山。一到冬天寒云初冻时，四面山上都还没有积雪，唯独云蝠山已是白雪皑皑；待到春和景明，左右群峰冰雪都已融化，又唯独云蝠山的冰雪仍然凝结不消。从县城远望，活似天然银蝠高居云端。其景可与燕京八景中的“西山霁雪”相媲美。有诗云：

2

朔风凛冽，吹来梨花，须臾遍厓涯。
碧色飞鼠，忽变银蟆，几时飞来西南挂？
有田不仕，何苦汾西掷韶华。

诗的大意是：寒冷的北风，吹来无数梨花般的雪片，转眼之间遍布天涯。碧绿的飞鼠，忽然变成银白的蛤蟆，慢慢地在云间爬动。清水边的白蝠啊！什么时候飞来挂在了县城的西南方？有田不去耕作，又何苦汾西虚度了青春的大好时光呢！

1 笔架朝晖

2 云蝠积雪

五景：吊桥渔火

吊桥在县城西南之云蝠山脚，距城四五里。这是一座将就地势建成的西头高东头低的双拱石桥，如同古代城门外护城河上人工架设的吊桥一般，故名。

据说，吊桥下河中所产生的细鳞鱼，味道特别鲜美，“上自吾滇之东昭，下至川蜀之叙泸，其江水产鱼，味皆不及此”。（《大关县志》）甚至可与江苏松江“四腮鲈鱼”相媲美。其原因就是吊桥河段河底全是砾石，鱼除食水中生物外，及吸取石浆，所以鱼味特别鲜美，不像河底全是泥沙的河段，产鱼虽肥，却带泥腥味。以前，吊桥下常有渔人于黑夜掌灯布网垂钓，峭崖、悬桥、黑水、红火，构成一幅幽深之景，能看到星星点点的渔火闪烁其间。有诗云：

桃花浪暖，渔灯数照。掩映在吊桥。
临渊羡鱼，月黑风高，举网下烟涛。
蓑披细雨，薄暮扳罾到拂晓。
何来渔父，痴想一钓连六鳌。

诗的大意是：三月水暖，正是桃花鱼众多的时节，几盏渔灯在吊桥下互相掩映。来到河边，总想得到味美的鲜鱼，即使是在月黑风高的夜晚，也要把渔网投入那烟波浩渺的河里。披着蓑衣，冒着细雨，从黄昏撒网到天亮。哪来的渔翁，还执着地想着一次就钓起很多大鱼？

董峰甘雨

六景：董峰甘雨

县城东北距城十八里的董董山山顶，有一个龙潭，四季不干。相传有龙潜伏其中，每遇天旱时节，男女乡民，头戴柳条帽，手捧炷香，到山中祷告，口中诵念：“苍天苍天，百姓可怜，无水栽种，哭声哀哀，唯愿黄天下大雨，落在田中间。”如此，祷告人群走到山顶便会有大雨降临，而且十分灵验。有诗云：

山阳深谷，潴水一泓，相传有灵龙。
旱魃为虐，无数耕作。
祈祷入山中，呼吁苍穹。
乞降甘露便栽种，大旱云霓庆年丰。

七景：苍岩石燕

距县城东北约二里地，有一片灰黑色石岩，系沉积岩，水平岩层中嵌着许多古生物虫、蚌之类的化石。因有很多形似燕子的小石子，如将石子放置水中，过一段时间后，石上长出长长的青苔，那样子就更展翅欲飞了。此地故名燕子岩。清道光年间，大关厅丞龙文下令在燕子岩修建奎星阁后，就再也看不到石燕子，直到后来奎星阁倒塌后，石燕才又有发现。有诗云：

危岩苍古，石燕营巢，尾如双剪刀。
取贮水中，无饥无饱，宛然生羽毛。
自建奎阁，竟不复再见灵石了。
阁倾又发现于蓬蒿。

八景：翠华蟾桂

距县城东一里的翠华山上有座翠华寺，正殿前种的两株丹桂，都是合抱大树，树荫蔽日，叶背现黑点，细看呈“贵”字。秋季开花时香飘数里。后不幸被山蚕将叶食尽，寺中和尚用火熏死山蚕后，树即枯朽。虽已补种两株，但不知何时才能再显“贵”字。有诗云：

古刹庄严，丛桂参差，天香飘云外。
万点星光，闪灼空际，恍游蟾官墀。
凉飔拂枝，落叶细观多贵字。
借问缁流，西来贝叶可如斯？

苍岩石燕

诗的大意是：庄严的翠华古寺前，高大的桂树枝叶参差不齐，花香飘得很远很远。如在繁星满天的夜晚来到这里，会给你一种身临月宫的幻觉。当清风吹拂枝叶时，桂叶随风飘落。你若仔细观看，许多桂叶上会呈现出“贵”字来。请问穿着黑衣的和尚，西天记载佛经的贝叶，可有这般奇景！

九景：龙洞清泉

城东南一里，绿树萦绕中有龙洞岗，岗下有许多石缝，泉水从中潺潺流出，围绕一天生的圆石弯弯曲曲地流淌着，与北京潭柘寺的流杯池很相似。龙洞岗前建有一座龙王庙，大股泉水穿过庙底石洞淌出。其水冬暖夏凉，除引入城贮于池中供居民饮用外，庙前大

片梯田也赖以灌溉。庙左数十步处，另有一股山水，从数丈高的峭壁上飞流直下，形成瀑布，许多人傍晚都来此地散步观赏。厅丞龙文曾在庙前题联云：

山石拥层云争佐神龙作霖雨，
岩泉飞瀑布隐随鸣鹤透烟霄。

民国二十年（1931年）前后，县人郭朝英拆去旧有庙宇墙壁，主张重建，然终未能如愿，此处遂成旷野，唯瀑布旁摩崖“德大称师”四个大字尚存。有诗云：

天生灵泉，岂惟濯缨，溉田兼供饮。
酷暑砭骨，冱寒觉温，清冽涤心尘。
飞沫溅人，石壁匹练垂自顶。
子陵再世，讵肯披裘隐富春。

诗的大意是：天生的灵泉，不止可洗衣帽，还供灌溉和饮用。炎热的夏天，泉水冰凉刺骨，寒冷的冬天又能给人一种温暖的感觉。喝上一口清冽的泉水，能洗去人们心中的烦闷。瀑布宛如一匹白色的绸缎，从岩顶奔流之下，飞沫能溅到游人的身上。如果东汉的严子陵还活着，岂能披着皮衣到富春山隐居。

十景：玉屏晚照

玉屏山，又名翠屏山，距城东六七里，不仅苍翠的杉林一年四季都不凋谢，而且山麓建有老城，好似杉林的底座，远看如画屏一般。每当夕阳西垂，对面笔架山将夕阳大都遮蔽，只

由山凹处露出两道晴晖，直射翠屏山，整个山岭犹如一座金碧辉煌的屏风，连县城都罩在它的余晖之中，有诗云：

治东画屏，苍翠欲滴，问谁曾置此？
倦鸟投林，落霞散绮暮霭横云衢。
子播父菑，斜晖陡挂疏林里。
弄笛牧儿，倒骑牛背负青刍。

诗的大意是：县城的东方有一画屏苍翠欲滴，不知是谁放在那里的？屏上：疲倦的雀鸟回归山林，落霞辉映画屏斑斓绮丽，傍晚的云气横呈，宛如通天大道。父子结伴耕耘在余晖斜挂的疏林里；吹着横笛的牧童，倒骑在牛背上驮着青草踏上归程。

玉屏晚照

瀑布之乡黄连河

ZHAOTONG

但凡以山水闻名的景区，瀑布并不鲜见。但能让大关享有“瀑布之乡”美誉的黄连河瀑布，显然是鲜见中的鲜见。大大小小 47 个瀑布，云集于方圆 5 平方公里区域内，该是世上何等诱人曼妙的奇观。

溪之美

黄连河汇天地精华灵气，以灵山秀水著称。走进黄连河，流连密林青嶂间，时时处处陪伴左右的，是大大小小的溪流。

黄连河的溪流，清清澈澈，轻轻盈盈。岩缝之间，山林之中，溪流如线如带。那若隐若现、若有若无的流淌，静谧而轻盈。川流前行的溪水，清冽明澈，水中的苔藓水草，砂砾树根，甚至水底石板的纹理，都清晰可见。避嚣习静的溪流，或倩影款款，仪态娇羞，邻家小地绕过盘根错节的古树；或细语喃喃，娇躯舒展，跳水皇后般轻巧灵便地融进绿荫覆盖的深潭。石濑湍湍，水波潺潺，浪花欲跃，带动徐徐清风，弥漫蒙蒙水气，润泽了绿树青苔、香花芳草，润泽了行人的喉咙肺腑，也润泽了游客的情怀情感。

黄连河的溪流，汩汩潺潺，铮铮淙淙。条条溪流，破岩而出，穿林而来，相继交汇融合，终成条条缎带，盘旋穿梭

于青山翠谷之间。或涟漪不兴，轻慢柔缓；或浪花轻荡，湍流奔涌。遇凹地则填充，遇石面则流溢，遇罅隙则穿梭，遇坎坷则跳跃，一路汩潺作响，铮淙有声。或许，正是这“古琴声韵石上取，美玉华章山中撷”的意境，催生了诗仙“弃我去者，昨日之日不可留；乱我心者，今日之日多烦忧”的无限纠结，“抽刀断水水更流，举杯销愁愁更愁”的慨然喟叹，以及“请君试问东流水，别意与之谁短长”的千古疑问。

黄连河的溪流，恬恬静静，逶逶迤迤。逶迤绮丽的溪水斗折蛇行，没有蜩螗羹沸的喧哗，没有鸡争鹅斗的嚣扬，没有畅叫扬疾的吵嚷，没有擂鼓筛锣的哄闹。偶尔拂过的微风，将叶片或者花瓣送入水中，带出一声轻响，激起一点微纹，溅起的朵朵浪花，也倏忽消失。花对水痴情、水随山浪漫，涓涓的溪水，就这样静静的、轻轻的、缓缓的流淌，如莫扎特的小夜曲般温情脉脉。“烟销日出不

黄连河风光

见人，欸乃一声山水绿。”这样的流淌，触动了感情细腻的女词人，双眉微颦，明眸如水，藕臂轻舒，玉指兰张，轻轻拈起随流而来的花瓣，醉人的芳香便弥漫了时空。“花自飘零水自流，一种相思，两处闲愁。此情无计可消除，才下眉头，却上心头。”清澈透亮的溪水，贴着石板，恬静地滑行；顺着沟槽，逶迤地流淌。那偶尔的潺潺之音，消融了死寂，却让本就清幽的峰峦沟壑密林繁花，更见清幽。痴情男子掬水洗面，黯然的声音和朦胧的双眸一样迷离：“所谓伊人，在水一方！”

黄连河的溪流，坦坦荡荡，真真切切。坦坦荡荡的溪水明澈无藏，一览无余，一去不返，如同人生岁月一样逝者如斯、不舍昼夜。佛说：“物随心转，境由心造，烦恼皆由心生。”同样的溪水，观者不同则韵味迥异。在豁达的苏东坡眼里，是“山下兰芽短浸溪，松间沙路净无泥。萧萧暮雨子规啼。谁道人生无再少？门前流水尚能西！休将白发唱黄鸡”。不喟叹流年，不哀叹白发，不悲叹衰老，可爱至极。

❶ 黄连河鸳鸯瀑

❷ 黄连河水上舞台

迷醉观赏溪流时，朋友发来一段关于水的文字。“你高，我便退去，决不淹没你的优长；你低，我便涌来，决不暴露你的缺陷；你动，我便随行，决不撇下你的孤单；你静，我便长守，决不打扰你的安宁；你热，我便沸腾，决不妨碍你的热情；你冷，我便凝固，决不漠视你的寒冷。”上善若水，好友若水，做人若水，人生若水！

“问渠那得清如许？为有源头活水来。”急缓有致、张弛有度的溪流，如一卷无字天书，写满暗示。奈何，众生步履匆匆，为之停留阅读领悟的，实在太少了。难怪范仲淹要感叹：“噫！微斯人，吾谁与归？”

瀑之美

但凡以山水闻名的景区，瀑布并不鲜见。但能让大关享有“瀑布之乡”美誉的黄连河瀑布，显然是鲜见中的鲜见。大大小小47个瀑布，云集于方圆5平方公里区域内，该是何等诱人的奇观。

最为阳刚的，是那些从岩壁顶端狂泻而下的瀑布。道道溪流，逢绝境而跨步，遇危岩而发飙，凌虚空而起舞，波推波，浪激浪，挟裹翻

腾，澎湃咆哮，破空而出再狂坠而下，如银河侧漏、大海倒倾。水流成块成团，如桩如锤，似群群白色的猛兽，在空中混杂搏斗、翻滚扭打，但见银光闪闪、鳞甲灼灼，但闻怒吼声声、怪叫连连。水块水团夹带着破空的嘶嘶声，接连不断地夯砸下来，疾如流星，势如崩山，声如奔雷。砸在水潭礁石之上，反弹出道道水箭，迸射疾飞，身体裸露处被其击中，痛如锥刺。朵朵水花激飞而起，飘散凋敝，如魔术大师幻化的彩泡般，前凋后继，循环往复，永无竭尽。蒙蒙水气弥漫蒸腾，满沟满壑珠飞玉散，岚飘雾漫，笼罩之处花木带雨，置身其间衣衫尽湿。李太白“挂流三百丈，喷壑数十里”原非夸张之词，白玉蟾“寒入山谷吼千雷，派出银河轰万古”乃是真

实之语。若他们见此霓光闪耀、虹影斑斓的大美，会留下怎样美好的诗篇？

最为柔美的，是那些贴山石岩壁顺势而下的瀑布。水流如一匹银色长绢，闪闪亮亮地从岩壁上垂落而下，周边的枝叶也辉映得艳丽透亮。飘飘舞动的瀑布，带活了四围景观，动画一般似静还动。有的水流被扯成大小几绺，高低不等地飘飘降落，随着岩壁凸凹起伏，显出一些叠痕和褶皱来。更有分合交错的，或在中途分开四散下来，或是初为几绺最终合拢，或是分分合合多次反复。如同一块平滑完整的玉带，被山石岩壁硬生生撑破了一般。“拔地万里青嶂立，悬空千丈素流分。共看玉女机丝挂，映日还成五色文。”那飘坠而下的水流，带出晶莹多芒的水花，溅玉抛珠一般，朵朵腾空而起，迂回旋卷有如碧玉连环，飞溅着、飘逸着、坠落着。瀑布之下的溪流，翻滚着白色的浪花，跳跃着晶莹的水珠，缭绕着濡湿的水汽，水、雾、汽交糅混杂，散烟喷雾般弥漫开去，粉碧碎玉般飘散开来，升腾出团团乳白色的轻烟薄云，给山涧林木披上一袭薄纱。静立瀑布之下，看水花一朵一朵优雅地飘落，安享绝世的美丽与温柔，顿觉情思满溢。

最为神奇的，是水帘长廊。神奇的自然造物之力，在岩壁上留下了一条高 2 米有余、宽 3 米见多的长长凹槽，成为冬暖夏凉的天然走廊，又让溪水从岩壁顶端奔涌而下形成瀑布，为长廊挂上动态的水帘。在长廊里向外望，恍如银河天降，风声嗖嗖，水声隆隆。盛夏时节走进长廊，那不断坠落的水链、水珠、水花，把水汽、湿气、凉气源源不断地输送进来，润泽凉爽的感觉瞬间遍布全身。在其间缓步而行，或者闲坐小憩，怡然如仙。“岩嵌长廊晴也雨，水缀珠帘暑却凉。”那份快意，怎一个“爽”字了得！

老子曾让孔子学水之德：“上善若水，水善利万物而不争，处众人之所恶，故几于道。”在道家眼里，水是至善至柔的，水性绵绵密密，微则无声、巨则汹涌，与人无争却又容纳万物。川

黄连河团圆瀑

泽纳污，山薮藏疾，瑾瑜匿瑕，人当有容错之量。而人生亦当如水，或如瀑布气势磅礴，飞流直下，一泻千里，融入山川滋养大地；或如水滴坚持不懈，滴水石穿，绳锯木断，突破艰难跨越沟坎。盛满一瓢则解人干渴，泡茗一盅则去人疲忧，遇热则冲凉解暑、逢脏则除垢涤污，如此德风，广利社会，岂不善哉！

黄连河瀑布，就是水的聚会，就是水的欢歌，就是水的舞蹈。迷醉水舞之余，写下"数截石阶穿烟雨，四时瀑影入画卷。壁立万仞添胜迹，水舞千嶂呈奇观"几句话，算是为黄连河瀑布写真罢。

林之美

在黄连河，对树林的感觉首先是来自呼吸的。跨过景区验票处之后，清新且略带香甜之味的空气，经鼻腔达肺腑，立即就感觉到了树林浓浓的味道。

黄连河的林，是郁葱繁茂的。道路侧，斜坡上，岩岭间，沟壑畔，全是绿森森的林带，肃穆、端庄、壮美。曲桑直杉，青松翠柏，高樟矮茶，疏桦稠李，白杨荫槐，树冠郁郁苍苍，枝叶蔓披；叶片翠绿透亮，鲜艳光滑。树冠连绵成绿色的绸幔，飘逸千年，摇曳万里，星球一样古老，春天一般年轻。黄红青紫的花朵或者果实，四时点缀其间，更其赏心悦目。

黄连河的林，是峥嵘苍翠的。穿行林间曲径，只觉树林在围拢、在包裹，清香味儿一路幻散开来，仿佛要融化行人一般。鲜嫩欲滴的叶片，绿得深浓发黑，绿得浅淡发亮，绿得生机勃发，绿得香远益清，绿得人心舒润。绽绿不止芬芳不断，却不争强不张扬，不争芳不斗艳，始终恪守甘为点缀的雅量高德。林林总总的树干，或是扶摇而上的孤直凌风，或是藤攀枝附的雍容张扬，或是蟠龙盘曲的苍老遒劲，或是直指苍穹的气宇轩昂，坚贞卓绝、俊逸非凡。枝丫相抱如编席，藤条缠绕如叠网。微风过处，万木倾伏，枝条藤

❶ 黄连河大滑板

❷ 黄连河洞房瀑冬景

蔓随之摇曳，波涌浪翻。有脱落的叶片，蝴蝶般滑翔飘舞。流连其间，林木花草的幽香竞相钻入肺腑，沁入心脾，让人熏然而醉，忘却身在何处。

黄连河的林，是蓬勃灵动的。枝叶茂密的树林，浓绿苍翠之间，蕴藏着盎然蓬勃的无限生机。林地上有野兔奔跑留下的印痕，枝丫间有松鼠跃窜闪过的身影。更有黄莺斑鸠，山雀画眉，在树林深处，在峰峦之间，自由自在飞翔嬉戏。婉转迷人的啼鸣，穿过疏枝密叶洒落下来，萦绕耳畔，驻留心间。游走其间，可吟哦苏轼“水清石出直可数，林深无人鸟相呼”的诗句，可感受王籍“蝉噪林愈静，鸟鸣山更幽”的意境。偶有漶漫的雾

黄连河风光

霭，缓缓流动于林间，袅娜缠绕于树冠，如同嫦娥奔月广舒的长袖，恰似贵妃醉酒飘舞的裙带。

黄连河的林，是诗意满溢的。登临览胜亭俯视，群山矗立，林莽苍苍，红花绿叶尽收眼底。那新建的吊桥，跨涧悬空，在四围苍翠的映照下，如同一道黄色的虹，泛着淡淡的光辉。吊桥上的游客，穿行于流岚之间。恐高如我者，在吊桥上不敢左顾右盼，只能直视前方疾步而行，没能好好感受“白云青霞皆是伴，青山绿水共为邻”的快意，殊为遗憾。正自懊恼，朗朗晴空，突降甘雨，一时清风滋润、霏雨绵缠，颗颗晶莹剔透的露珠，在树叶上珍珠般滚动、滑行，虽无“一夕轻雷落万丝，霁光浮瓦碧参差”的透亮，却多了几分“沾衣欲湿杏花雨，吹面不寒杨柳风”的惬意，心中懊恼顿时消散无踪了。

黄连河的林，是绚丽多彩的。作为林，单有树显然是不够的，还有附生的藤蔓，更有花草、蕨丛密生其间。因为空气湿润，黄连河的蕨类非常繁茂，茎秆肥壮，张叶肥硕，只有“疯长”一词方能形容其长势。花草也同样是疯长的，因为海拔跨度大，属于立体气候，所以四季都有各色花朵盛开着，使“霏雨吻面花腼腆，清风过体叶婆娑”的景观成为常态。百卉含英恣意盛放、争妍斗丽璀璨如锦，其间最为游客所钟爱的，是俗称鸽子花的珙桐。

花草树木也有生死大限。风吹雨打，雪压霜欺，蚁蚀虫噬，也难免枯死。但“沉舟侧畔千帆过，病树前头万木春”。老树枯死，新苗又发，一茬接一茬。只要人类不毁林，所有树林就会永远葳蕤、永远繁茂，唯愿如斯。

洞之美

黄连河属于喀斯特地貌，地下水的溶解、侵蚀，形成诸多地下孔道，便有了白象洞诡异独特、巧夺天工的洞穴奇景。

一大二小三头白象驻足洞口，虽是塑像，却无碍洞穴名称的直观表达。洞顶岩层上，树木苍翠，藤蔓倒垂，绿茵覆盖。岩层渗出的水珠不断滴落，在地面汇而成流，湿润并凉爽了洞口。那“倒枝垂藤欲拂地，滴露晦雨先洗尘”的幽晦深邃，让神秘叵测的感觉瞬间遍布全身。铁栅门后的洞内，是一不规则且光线昏暗的石室。石室正中有被称为“神龟望月”的石钟乳，两侧是观赏洞中景观的通道，一为进道，一为出口。

奇幻异常的进道，很多地方窄得须弯腰侧身方可通过。小孩有着身小体灵之便，可随意穿梭，成人则只能小心翼翼地探索前行，探幽寻胜之感来得很是强烈。借助隐灯微弱的光线，便见各色石钟乳渐次奔来。四面岩壁以灰白色为主，石钟乳则多为淡灰或者淡黄色。或许是灯光的作用，也有金黄、碧绿、银白等色，还有让人惊奇的红色。各色石钟乳，或砌雪堆玉，银白耀眼；或晶莹剔透，几近透明；或红绿相间，瑰丽斑斓；或几色杂陈，光怪陆离。如此众多的艳丽色彩，深埋地底亿万年，无人知无人识，无人晓无人赏，寂寞如斯却始终瑰丽

如斯。出色不为名传世，卓越只因性使然。这份襟怀与豁达，该让多少世人为之汗颜！

进道末端，一个穿壁而出的石钟乳状如犀牛，面额上一只独角弧形上挺，劲道十足，霸气十足，是为“犀牛出世”。初生既如此劲霸，如若成年，势必能够掀翻整座大山。逼仄狭长的曲径自此开阔，光线也更为明亮了，前后左右，上上下下，各形各态各式各样的石钟乳，实在是目不暇接。细微者柔媚乖巧，有细羽飘飞之轻；庞大者敦实雄壮，有陨石坠落之沉。满目石钟乳不仅大小不等，形状更是各异。或如深山藤蔓，根连须串地铺展开去；或如雨后新笋，上交下错地排列开来。或如老僧入定，气定神闲岿然不动；或如神女临空，裙飘带舞旖旎妖娆。或如猛兽狩猎，张牙舞爪目齿皆张，似要择人而噬；或如虬龙腾渊，昂首腾身鳞甲闪烁，几欲破空而去。既千变万化又绝不重复，既栩栩如生又浑然天成，既匪夷所思又有所遵循，大自然的造化之功，确实让人叹为观止。

洞的顶部，一片艳红色的石钟乳特别惹眼，倒垂的石条金针菇

黄连河水帘长廊冬景

一般，仰望就像深海惬意悬浮的水母。随之进入眼帘的，是一片倒悬洞顶的石钟乳，呈瀑布状梯次而下，狂泻的水流，卷带的水沫，无不惟妙惟肖、动感十足，驻足凝视，似有若有若无的水声轻飘入耳。那直抵顶部的两根石钟乳，粗大坚实，硕壮劲挺，峻拔突兀，气势如虹，便是以雄奇大气著称的“双柱擎天”。柱体环纹累列，应是岁月的刻痕，一个横纹，也许就是万年时光。凌空倒挂的石钟乳，几乎都似剑戟般尖利，末端较少有呈悬露状的；拔地而起的则刚好相反，末端大多呈露珠的浑圆形状，且细腻光洁，如同披袈肃立的罗汉般，所以有“十八罗汉”之景。其实，岂止十八罗汉，应是佛门弟子大派对，才有如此壮观。那让白象洞成为白象洞的大白象，驮着让它终身纠结的那座塔，亿万年来不曾懈怠，不曾放下。究竟是什么样的信仰，能让其经年负重却一不言苦二不言累？

面对白象洞千姿百态的石钟乳，不得不感叹：人的想象力是无限的，但人的表达能力太有限。那一石一笋一柱，正面看，命名也许非常贴切，越看越像形态逼真，但换一个角度看，必然大相径庭。倘若要给这些石钟乳生动准确地命名，肯定要为难死无数文字大师。要欣赏石钟乳之美，首先得抛开别人命名的名称，用自己的眼光、自己的想象、自己的语言去欣赏、思索、描述，才能悟透它们带给自己的感受。

百般游客，赋予石钟乳的必然是百般形象。那么，这白象洞，也是百象洞了。

石之美

作为一种自然物质，石头已然是个奇迹。黄连河的石头，更是石头中的异数。

黄连河的石头，没有玉石、钻石、宝石的名贵，没有类画石、图案石、纹理石的珍奇，没有骚人儒贾、玩家藏客“灵壁一石天下奇，声如青铜色如玉”的赞誉。黄连河的石头，是岩石、山石，是山川的一部分，景观的一部分，生活的一部分。

黄连河的岩石，浑宏雄伟，气势磅礴。在景区大坝抬头北望，目光所及的那一幢峭壁，甚至是整座大山，虽然有若干横纹而酷似断层的，但其实就是一块直立如削的巨石。巨石屏障般铺展开来，隔绝了尘俗的喧嚣，留下了一方净土。那黄褐灰紫杂陈的色彩，简约古朴；那曲直深浅相间的褶纹，遒劲天趣。顶端有密密匝匝的林木，为巨石戴上巍峨的翠冠；脚下有郁郁葱葱的高树，为游人撑起清凉的华盖。巨石巍然高耸，屏障千古挺立，任寒来暑往，风起云涌，兀自岿然不动，默然不语。这样一石成岩垒石成山的景观，在黄连河是常见的。几乎每一处飘飞的瀑布，都是悬挂在巨石之上的，就连那“一览众山小”的览胜亭，也屹立于一个巨石之上。

黄连河的岩石，横出斜倚，突兀醒目。进入景区游路不远，便听到头上有水声轰鸣，抬头却是一如屏高耸的巨石，挡住了全部视野。待绕过巨石一看，后面竟是一条飞泻而下的瀑布，名曰“对歌”。对歌瀑是苗家儿女以歌声表情示爱的圣地，这块天降巨石，遮挡如门，兀立如神，掩饰了苗家儿女的腼腆与娇羞，保护着甜美爱情的纯洁与神圣，应是苗家的爱神了。在“水上舞台”景点处的路径上空，几块紧密依偎的巨大岩石，与地平面呈水平状横空而出，好像不是从内向外延伸而出，而是从外向内强行插入一般。洪浩者源必充沛，突兀者根必厚重。那横空出世的部分，七八米宽，近十米长，其重数十吨，若其岩壁内部的根基不够厚重，必然早已坍塌。黄连河类似这样上有巨石覆盖、下有溪水濯足的景观颇多，那“径行岩石下，足濯泉流中”的舒爽，是难以抗拒的诱惑。白居易诗曰：“是名精进才开眼，岩石无端亦点头。”按因果论，既然点头，想来就不会是“无端”。不过其间奥妙，常人难以窥视，正如他《双石》所说：“岂伊造物者，独能知我心。”

黄连河的岩石，诡异奇幻，神秘莫测。前往惊魂峡，须沿着随山而下的石阶钻过一个洞窟。钻过洞窟，在直达水帘长廊的吊桥头抬头回望来路，那高阔的洞窟，竟是几块巨石彼此依靠支撑而搭成的天然桥拱。除却自然造物之功，谁有此拔山举鼎之力？这些巨石，经年栉风沐雨，历经地震等灾难洗劫，可谓饱经沧桑、备尝艰苦，却亘古保持如此斜而不倒、悬而不坠的诡异姿态，且毫无松懈之意。与石相比，无匠石运斤之技、肺石风清之判、躬蹈矢石之勇，有

焦熬投石之愚、玉石混淆之心、鼎铛玉石之奢的人多矣。做悬驼就石之功、行炫玉贾石之举者众，能悬石程书者无几，若柱石之坚者寥寥。在黄连河游走，很多时候都需要这样穿石洞而过或者攀怪石而行，因为沿途诡异不已的巨石甚多。其间最为人们喜爱的，是那块斜卧沟底的巨石。经溪水长期冲刷洗涤而平滑光洁，成了天生的一块大滑板。人躺卧其上，毋须作势使劲，凭借水推之力，便疾滑而下，向着下面水潭疾冲而去，砸进水潭激起成片水柱。虽姿态不雅却凉爽无比，是消暑娱乐的最佳去处。盛夏时节到此的游人，无不雀跃入水，享受那滑翔的放纵、冲刺的快感。

面对沉默的岩石，多数人比岩石还沉默。清代曹雪芹却不一样，不仅追问“溯源应太古，堕世又何年？”还写了“有志归完璞，无才去补天。不求邀众赏，潇洒做顽仙”的赞赏之句，溢满倾慕之情、钦敬之意。落魄一生的曹雪芹，沉寂一生的岩石，一样可爱了。

黄连河的岩石，任时光流逝，任沧桑轮回，一样叙述无声、期待无声、思绪无声，一样陡峭、陡立、陡直，一样尖利、尖峭、尖耸。或拥而成桥、拱而成洞，或立而成峰、卧而成榻，以默默无声的低调，在红尘中独显一份与众不同的张扬。

梦幻秘境罗汉坝

ZHAOTONG

罗汉坝之旅，恰是符合了人们对旅行的高要求：既可休闲放松，又带给人不一样的美，它真实、自然、开阔，充满意外的考验与惊喜。还让人了解到，这个世界有着如此丰富的差异。而人类要做的，就是接纳这些差异，并对普天之下的广大残缺抱有宽容的态度。

一

作为一名长期行在路上的旅行者，想要对万水千山保持一以贯之的激情，其实也并不容易。当风景已成为眼中的日常，可复制粘贴的旅游模式占据了中国大地的边边角角时，尽管世界如此广阔，我依然悲哀地发现：在旅途中，能唤起我别样感觉的陌生际遇越来越少。

好长一段时间，虽然我并没停下脚步，但在潜意识里，已不再对旅行抱有期待。因此，2017 年 4 月，在我决定去罗汉坝时，是怀着小小的私心的：罗汉坝毕竟是在我的故乡。回视故乡，是否会有新发现？这趟旅行又是否会带给我不一样的感受？我心中那些沉潜已久的对美的期待，是否会再次苏醒？

现代交通就是便捷。早上 7 点半，我坐上由北京开往昭通的飞机，中午 11 点就到达昭通机场，回到家收整完毕，还赶上吃午饭。第二天，我从昭通坐汽车回到大关，歇了一宿，第三天一早就启程去罗汉坝了。

其实，小时候看《大关县志》及一些宣传资料，我就对罗汉坝充满向往。在那些照片中，养在深闺的罗汉坝林木蓊郁，繁花烂漫，美得不真实，让我忍不住怀疑这只是画中的风景。而原始森林，更是为罗汉坝平添了几许神秘，也带给我无尽的遐想。有许多次，我都央求大人们带我去看看，却遗憾地得知，去罗汉坝的路非常难走，大人们工作又忙，哪有时间带我去?

这个美丽的遗憾，从此就播种生根了。长大后，我在外面东跑西跑，唯独在云南境内跑得少，去罗汉坝的计划也一直搁置着。但就在春夏之交时，好消息传来了：通往罗汉坝的路修通了，罗汉坝将成为继黄连河之后的另一张旅游牌。那段时间，我在北京、常熟、苏州、上海、武汉等地到处转，三天两头就要赶飞机、乘高铁，生活节奏挺快，都没能睡几个好觉。在这样的情况下，罗汉坝对于我，就分外有吸引力了。

一切顺利得超出我的预料，同行的还有文联和作协的几位朋友，刚好可以排遣寂寞。清晨，在一袭零星细雨中，汽车缓缓驶出大关城，一路往北而去。没走多久，天放晴了。在这云贵高原的寂静地带，一路山脉挺拔秀丽，缠在山腰上的岚霭还

未散开，白云已迫不及待地挂上了山尖。越走越清新，越走越开阔，同行的作协主席张兰女士说，我选对了日子，这好天气可真适合出行。

要不是因为罗汉坝在前头等着我，我都想一路走走停停，不急于赶路了。云南就是这样一个神奇的地方：在外地，看多了高楼大厦，你总会审美疲劳；但在云南看山，你永远看不厌。虽然山还是这些山，它们并不因你的到来而增高一寸、削低一分，但你每次看它们，总会觉得与之前不同。似乎有一种看不见的力量，在持续地滋养着它们，使其不断焕发出新的生命力。

一边看着连绵不绝的群山，一边向往着未知的迷宫，阳光从车窗外射进来，身上暖洋洋的，思想也暖洋洋的。也不知行了多久，汽车一铆劲，开始上坡了。

二

现在我们是真正进入了大山里，一片深沉的寂静。风一吹，我似乎能听见大山的骨骼在揉动的声音。司机就是大关本地人，开起车来轻车熟路，但我毕竟太久没走过山路了，心里还是捏着一把汗，也无暇欣赏路边的风景。这时，随着

罗汉坝杜鹃湖

海拔渐增，我们明显感觉到温度在降低。幸好我有所准备，昨晚在姑妈家借了表姐的厚外套，现在我把围巾也裹上了，这身装备刚好可以抵御山里的寒气。

这时，第一处观景点到了。我们下车，只见此地绿环翠绕，有一处岩石向外凸出，活脱脱是一块天然的看台。站在上面，四周风光尽收眼底。环抱着的群山之间，是一层层健康挺拔的树木，山风将树叶的颜色熏染得洒脱而斑斓。山谷中，几个小村庄如信笔落红，在这幅山水画中随意点染；太阳张开手掌，从指间漏下巨大的光束，照耀着这山、这树、这村庄。那些朴拙有致的房屋，无不弥漾着人世的温暖气息。我想，到了秋天，当树叶红的红、黄的黄时，层林尽染，这片山林会更好看。但王老师说，罗汉坝无论是哪个季节都美，各有各的看头，各有各的韵味。“你来晚了点。要是早来十天半月，这山谷中的树都在开花。不过，现在来，也有现在的意思，都是缘分。”他说。

我们又钻进汽车，继续朝目的地驶去。终于，我们来到了罗汉坝森林公园的大门外，罗汉坝林场管理处就坐落在这里。我们进去歇憩，刚喝了几口浓茶，一个肤色黝黑的圆脸青年就走进来了。他是这一片区的森林公安，现在将由他引路，带我们去景区内参观。嘿，这待遇不错呀。

森林公安在前面骑着摩托车带路，我们坐在后面的车里。我开始有点小兴奋：传说中的原始森林、天然去雕饰的处女地，罗汉坝，我来了！

三

我有一位黑管过了十级的朋友，脂肪肝博士后吴辰。他曾对我说，小时候，在电视上听到交响乐演奏，一下子就被黑管给迷住了。“因为黑管吹出的声音让我想到了森林。我指着电视屏幕对我爸说，爸爸，我要学吹这个！”

进入罗汉坝时，我想起吴辰的这段话。森林，一个属于远方的、满身诱惑力的词语！更何况是不为外所人知的原始森林！说实话，我还从没到过原始森林。我去过一些被冠以“森林公园”名称的旅游景点，其实它们

❶ 风情罗汉坝

❷❸ 罗汉坝杜鹃湖风光

都已被过度开发了，不论是树木还是花卉，都被规划得井井有条，多了不少人工的痕迹，少了几分天然之美。更何况一路上都是扎堆的人群、琳琅的商店，你想要的静谧根本没有，更不用谈昂贵的诗意。

我早就看透了那种所谓的“森林”。在我印象中，森林可不仅仅是黑管，它让我想起小时候读过的欧洲童话——总是有一些木匠或樵夫居住在森林中，他们有聪明过人的儿子，这些儿子将来要成大事，等年纪大了，就回到森林。森林还是不如意的公主、法力无边的妖魔、卡

尔维诺笔下的男爵的居住地。当然，安吉丽娜·朱莉主演的电影《沉睡魔咒》我怎能不想起呢？还有糕点店里撒满了巧克力碎末的蛋糕“Schwarzwaelder”（黑森林）……现在，真正的森林就在身边！

汽车在一条道旁停了下来，我们朝一片看似并不起眼的树林里走去。羊肠小径将树林延伸至远方，前方的山头里有没有山神或仙女？由于无人清扫，地面还铺着去年秋天的落叶，这样的景致，让我想起了美国的自然诗篇。我紧紧跟在森林公安后面，他告诉我，他在这里工作两年了，每天都要往林子里跑跑。“那冬天呢？下雪时你也跑？”我实在很好奇，这地方海拔两千米左右，又人迹罕至，一旦下起雪，积雪是很难融化的。不动脑子都能想到，到那个时候，森林里的土路会非常难走。出乎我意料，他淡然地回答说：“照常跑啊！下了雪也跑。路是难走，花费的时间

罗汉坝风光

也比平时多。但我习惯了。不来看看，我又不放心。”看着这个年纪还没有我大的半大孩子，想象着他日常的工作和在森林里留下的每一个脚印，我是真的佩服他的敬业精神。

同行的张女士不愧是下乡锻炼过的好手，虽然清晨刚下过雨，土地还有些泥泞打滑，但这点路对她来说根本算不了什么。她很快就敏捷地跟了上来，对我说：“要是运气好的话，你还能看到花。上次我来时，漫山遍野都是花！”一听到可能有花，我对前方的路更加向往了，恨不得蹬上风火轮，日行万里地把这片森林踏个遍。但森林的魅力就在于此：它不会向你全然敞开自己，闪光的钻石都散落在它那迂回掩映的褶皱里，你必须要有足够的耐心才能浅探它的美丽。那种付出了心力与时间来收获的美，哪怕只是看一眼，也足够让你赞叹并欣慰。

我小心地绕过地面的泥坑，从一块块小石头上稳稳踏过，跟着森林公安继续前行。前方，一树白雪袅袅摇曳，仿佛仙子轻舞缟袂，翩若惊鸿空降于林中。在这深山之中，那冰肌玉骨，分明有超然淡泊、遗世独立的风姿。我被这树飞雪吸引住了，它比城市里那些景观树不知美了多少倍！我急匆匆地蹦到树下，抬头细看，只见那白中有玉，玉中凝脂，沉静而不滞重，灵动而不轻佻。“静夜沉沉，浮光霭霭，冷浸溶溶月。人间天上，烂银霞照通彻”说的莫过于此景！张女士在一旁说：“你运气太好了。这就是野李子花。我都以为谢完了呢，没想到这株还没谢！”

我赶紧拍下了这片飞雪。张女士告诉我，她曾在罗汉坝吃到过野李子。野李子比普通李子小一些，口感有点涩。这里的水果天然无害，尽管放心吃。但现在远不到野李子成熟的季节，我只能先一饱眼福。走着走着，又见一团粉云，像是从宫崎骏的卡通片里摘下来的，简直要柔化了心扉。山上温度低，故而花期比山下迟，我这次来，正赶上个别傲娇的花树还舍不得轻易凋谢。这株野桃树并不高，花瓣颜色比外面的桃花要

浅很多，仿佛宣纸一挥，一抹浅浅的粉就在纸上悄然氤开。在阳光下，野桃花的花瓣显得有些单薄，幸好有夹杂其间的嫩绿叶片，低调地强调着这棵树的生命力。在这片森林里，这些默默无闻的野李子花、野桃花是怎样地花开花谢、落叶结果？它们的一生朴实而平淡，始终伴随着淡淡的馨香。这个祖祖辈辈周而复始的过程，是否会让它们心有不甘呢？若是安于此生，那这般云淡风轻，倒真是值得我羡慕。什么时候，我才能放下执念，自证清心呢？

越往里面走，树木种类越多，我几乎都叫不上名字。森林的色彩也更加丰富了：脚边是一丛紫红色的花树；再往前，新绿与嫩黄交杂；再往前，墨绿之间站着几束金黄；再往前是青色的山峰；山峰背后是淡蓝色的天。真真是一张天然的水粉画明信片！我想起《红楼梦》里的“黄金莺巧结梅花络”，莺儿所说的配色技巧，正可以通过我眼前之景来印证。

林间空气清新，似有无数的小精灵扇动着翅膀在运输氧气。太阳越升越高，在阳光照耀下，远山闪着琳琅的光。我真想继续前行，一探这迷宫的究竟，无奈时间有限，我们还得去下一处景点。我只能遗憾地原路返回，路上，见蕨类植物投射到石板上的影子精美可喜，忍不住又拍了两张照。

四

“水是眼波横，山是眉峰聚”，这不只是以山水比人，在我看来，也体现了山水的本质：一方绝妙山水，必定带有人性。在罗汉坝也是这样的，光有植物还不够，须得有水，森林才会灵动起来、婉转起来。碧柔润泽的杜鹃湖，就是罗汉坝的眼睛，它盈盈一转，大山就充满了侠骨柔肠。

听说以前有人为了一睹杜鹃湖的风采，不惜跋山涉水，舟

❶❷ 罗汉坝森林风光

车劳顿；因为道阻且险，无法当天返回，还须得在此地搭帐篷居住，顶住寒冷的考验，并面对随时都可能出现的野兽的袭击。杜鹃湖的吸引力可见一斑。现在情况好得多了，杜鹃湖的一侧就是环湖路，可行车，可步行。难得的是，这一带的自然生态并没有因此遭到破坏，环湖的植被一如往昔，湖水照样清亮亮的、笑盈盈的。在中国的旅游景区，水质这么好的，恐怕也并不多吧。我去过滇池、西湖、太湖……水质都让人大失所望，那么相比起来，杜鹃湖确实是给我惊喜的。

沿着环湖路一直往前走，来到一处正在搭建中的观景台。观景台并不大，但面对着湖面，视线开阔，这个角度让我回想起在印尼的蓝梦岛（Lembongan）上经历的一幕：我们爬上观景台，下面是红顶白墙的村镇，掩映在成片成片的热带植物之间。小村旁边就是清澈见底的海水，船行在海上，能看见倒影。同行的驴友们都被这美景惊讶得尖叫。这就是所谓的“惊艳”了吧。比起明艳奔放的热带风情来说，杜鹃湖多了几分素淡与内敛。爬上尚未成型的观景台，眼前是一个别致的湖中湖。有白石环抱起来，形成一个凹槽，凹槽里盛满碧色湖水。在石头的外沿，点缀着一些参差有致的小树，它们的影子倒映在小湖中。这些树形成一道天然的屏风，屏风的外面，就是杜鹃湖了。两潭湖水颜色各异，小湖偏绿，大湖偏青；气质也各异，小湖活泼，大湖静谧。我想，两湖之间，也相看两不厌吧。不知名的野花，不经意地开放在湖边，懒懒的装点着湖中湖。有趣的是，小湖中还有一块袖珍的“烟渚”，上面竟也长着一丛丛的小草，像是微缩的园林景观。

继续往前走，对岸的坡地、林木清新欲滴。这里的植被还“不忘初心”，较之外地那些精心打造的环湖植被来说，有一种别样的生机。朋友告诉我，目前环湖路也就修了这一段，能过到湖的那一面的人还是不多的。我想想，这样也好，游客方便行走的空间已经得到了保障，杜鹃湖的环境也不致遭到破坏。

罗汉坝原始森林风光

一边走，我一边猜想着杜鹃湖的深处有什么。小时候，多少次在照片上看见过杜鹃湖，一丛丛蓬勃的野花中，它愈发显得灿烂静美。现在它就在眼前，近得我可以凝神听见它轻轻的呼吸，看见湖边草尖上的露珠、叶片上的脉络。可是，我总觉得它还掩藏着什么，在它的衣袖中，可能有无限的珠宝，可能只有跨过千年的一声叹息。但究竟是什么，我竟不得而知。你看，它那清亮的眸子分明在凝视你，当你想同样地回视时，它为何又垂下眼眸，欲说还休？

漫步在这神秘的杜鹃湖边，我有些怅然若失：在这世间，并不是所有事物都愿意对你坦诚的，它有它的法则，有权利按照自己的活法生活；有些门你永远敲不开，有些笑声，你永远只能在墙外听见。我同时又有些庆幸：杜鹃湖本能地开启了自我保护的功能，没有半分迟疑、矫揉与顾忌。

其实，谁会希望那份洁白沾染上半点风尘呢？正是因为不敞开，我反而更察觉到它的珍贵。

一排小清新风的房屋顺势而建，蜿蜒在湖边。我们准备到那边的坡地上去休息休息。走到草地上时，只见地面有一团一团的黑色印迹，同行告诉我，以前会有一些游客到这里烧烤，一边大快朵颐，一边饱览杜鹃湖盛景。那肯定是心旷神怡的人间美事。我给刘先生说，以前我在海口时，也曾和友人一起去假日海滩烧烤，海边本来就很湿热，炭火的气焰更是让人酷热难当。但眼前的蓝天、白云、大海又令人恋恋不舍。确实，我一直认为烧烤之类的活动，重要的是与哪些人一起，如果都是志同道合的友人，那过程必将是愉快而难忘的。我们又零零散散地聊了一些文学上的话题。和风一阵阵吹来，带着森林特有的清爽气息，蓝金色的光泽在杜鹃湖的镜面上闪耀。要是此刻在这儿烧烤，恐怕我的注意力都会被美景吸引去，无心关注美食。

我唯一担心的就是环境被污染。万一有的游客素质不高，将烧烤的垃圾就地丢弃，后续的清理工作会很费劲。还好，我左看右看，并不见垃圾的影子。想必游客们也被杜鹃湖的美所感动，舍不得糟蹋它。刘先生也说：“是

啊，这么好的环境，谁忍心去破坏呢？”

我们又往林中走去，爬过一段泄洪渠，来到一座小桥上。两岸茂盛的野菜花，如一团团金色祥云，将小桥烘托起来。桥下，琤琮流水被人工栅栏截成一道瀑布，缓和了心劲儿，从容地朝山下流去。时间不早啦，我们也该原路返回了。回去的路上，我走到杜鹃湖岸边，蹲下身来，只见水纹清清，许多蝌蚪正在水草里嬉戏。这时太阳也升高了，我身上渐渐有了暖意。看着阳光下波光闪耀的湖水、水里自在嬉戏的蝌蚪，一种莫名的向往拨弄起轻快的和弦，在我心里歌唱，关于未来、关于远方，少年时期那种无所畏惧的感觉又回来了……现在很适合听一听李健的歌吧：“当春风掠过山岗，依然能感觉寒冷，却无法阻挡对温暖的向往……”

五

午饭时，又吃到了熟悉的家乡菜：土鸡煲汤、麻辣土豆条、凉

拌折耳根、酸菜红豆汤。因为气氛很好，大家都多吃了一些，在森林中品家乡味道，又有一番乐趣。饭后，我们同森林公安告别，他一直目送着我们上车离开。

汽车朝山下开去。在许多拐弯处，山坳张开口，只见蓝天之下是白云，白云下面是绿色的山野，一层层的，颜色分外鲜明。对了，还有无处不在的梯田、袖珍又顽强的村庄！神奇的罗汉坝呀，你究竟还有多少美景藏在大山深处？

汽车又回到了崇山峻岭里，白云缭绕在山尖，数不清的梯田和树林铺在脚下。一路上，我想：多么美妙的奇遇！如果不是来罗汉坝，我不会走进这个苗寨，不会结识老杨，更不会了解到王老师和老杨之间那段真挚的友谊。丰饶的罗汉坝啊，你还藏着多少的过往，多少的故事？一瞬间，我领悟到这次旅行的意义。我来，不只是为了看风景，而是为了验证世界的丰富是否虚无。而罗汉坝给我带来的意外答案是：风景、人间、人情、人心。

我重拾了行走的意义。罗汉坝刷新了我对行走的认识。最大的收获往往就在不经意间。这就如同摄影，摆拍与抓拍完全是两种体验。摆拍时，我们预设的东西太多，我们希望，世界是按照我们的设定来运作、来表现的。而抓拍时，世界会向我们敞开它真实的一面，纵使那并不完美，却富有启迪。那种诱导性的旅游，脱不了浓浓的商业气息，它们将风景进行了太多框定，限制了我们的想象力，带给我们的是摆拍的体验。而这次罗汉坝之行，于我而言，是一个崭新的开端——我之前的旅行经验似乎都毫无用处；罗汉坝超出了我的意料，这就是抓拍。

六

读列维－斯特劳斯《忧郁的热带》时，我常常沉迷于他的旅行经历。巴西、印度、海上的航行……那些经历不只是充满了异域风情，还充满冒险与想象，更重要的是，它带给人思考和启迪。我斗胆开个玩笑：如果不是因为有常年纵横四海的经历，列维－斯特劳斯就写不出《忧郁的热带》这样的人

类学经典著作，世界上也不会有结构主义。我想要的正是这样的旅行，它真实、自然、开阔，充满意外的考验与惊喜。即使这段旅行已经过去了很久，你回想起来，它还是会鲜活如初，并使你生出新的想法。

罗汉坝之旅，恰是符合了我对旅行的高要求：既可休闲放松，又带给人不一样的美，还让人了解到，这个世界有着如此丰富的差异。而人类要做的，就是接纳这些差异，并对普天之下的广大残缺抱有宽容的态度。

此时此刻，初冬的夜里，关于罗汉坝的一点一滴从我键盘下涌出，如涓涓细流一般，叮当有回声。即使相隔千里，我仍能感觉到，罗汉坝，那个神秘的能量场在释放出源源不断的魅力，向我召唤。这样的夜晚，那片隐秘的森林会是什么样呢？它是沉睡了，还是在暗中酝酿着一场午夜的舞会？飞雪、银杏、珙桐、雪松啊，都动起来吧。我需要一场律动，我真想再回去看看……

罗汉坝森林

神秘莫测青龙洞

ZHAOTONG

大关青龙洞，一个神秘、幽深、巨大的溶洞群。洞外山清水秀，绿草如茵，洞内钟乳缤纷，暗河成流，有保存完好的钟乳石和“神田”；洞门口的右壁上隐约可见一石刻的繁体的“龙”字。

大关有一溶洞，名曰青龙洞，是“三片一线”风景区上高桥片区中的一景。车入上高桥乡，沿洒鱼河而行，一路高山峡谷，雾拢云飞，脚下水石相激，头顶玉练凌空。车停之处，透过绿竹浓荫，见两厢巨石壁立，中间青天一线，一条飞瀑自上飘落，风韵悠长。青龙洞便在这高峡飞瀑之下了。

青龙洞是一个串珠式多层充水型溶洞群，洞口高大宽阔，石壁上隐约有青龙二字，据说是天然生成。青龙洞下层为暗湖，进洞须乘舟而行。泛舟湖中，如滑于镜上，举目环顾，静谧幽深，洞顶滴水落入湖中，如秋雨淅沥。“水晶宫”中高约 40 米，宽阔处 60 米至 70 米，喊一声，回音久久环绕不绝。“小三峡”处仅容一船通过，两侧岩石被水流蚀出无数的溶窝，密密麻麻嶙峋如浪花，片片翘起又似龙鳞一般，舟行此处，人人皆屏息敛气，小心翼翼，生怕划破衣衫。船出“小三峡”，眼前豁然开朗，但闻瀑声轰鸣，近得前去，方知是两条两米多高的泉流跌入湖中，名曰“双瀑迎客”。400 多米水路，一路“奇石壁画”“高峡幽谷”；“龙吟虎啸”，声声贯耳；恍惚间，洞顶洞壁如龙脊龙骨，又使人疑是身入龙腹。

船至尽头，弃舟登岸，便进入了上层旱洞。旱洞亦空旷阔大，其中有数处小洞，无人进入过，深不可测。一路钟乳石笋，或高大雄奇，或纤巧精细；或万柳垂丝，或一柱擎天；或洁白无瑕，或色彩绚丽。“青菜花”“银雨树”“老寿星”“龙凤帘”“蓬莱仙境”“母女情深”“孔雀接露”“百象奔驰”……真乃天工造化，气象万千。洞内尚有一处“神田”，状如层层梯田，错落而下，田内清水盈盈，如江南春早。又一处名为“双蚌珍珠”，别具特色，在一巨大石盘内，兀立着两株小小石柱，盘内盛满粒粒“珍珠”，在净水中滚圆洁白，晶莹润泽，手取一颗，却不料竟是牢牢生在盘中。洞中石壁有一处为巨型方解石结晶构造，其解理面光滑平整，反光下无数晶簇如夜空中星光璀璨，夺目生辉。洞中另有一旱洞，未对外开放，我们持灯而入，艰难前行，黑暗中不知其高阔，但见遍地石瘤，如广场地灯，五彩斑斓。头顶悬垂的钟乳，鲜红如血，不知自乳头坠落的滴滴水珠是否就是“龙血”？继续前行，一片沙滩之后又是一湖，彼岸之处又是旱洞，但闻跌水轰鸣之声，前面究竟有几洞，洞有多深，无人可知。

离青龙洞不远有一巨瀑，生于上高桥峡谷之中，称为大彪水岩瀑布，顺溪谷而行，远远便见谷中黑雾腾腾，恶气肃杀，轰鸣之声传来，似闷雷滚滚。近得前去，但见两岸峭壁夹着一道20余米宽的银瀑从60余米高的崖顶以雷霆万钧之势砸落下来，气势磅礴，惊心动魄。瀑水跌入潭中，击起万千浪花，又顿作雨雾迷蒙，阳光映照下，幻化出七色彩虹，分外壮美。

临别上高桥，朋友送我一小瓶雨花石，告诉我，这些雨花石是出自青龙洞附近的大山之中。第一次知道南京之外还有雨花石，我大感诧异，石子虽不及南京雨花台的大和艳，但也绚丽多彩，精美奇巧。回来后，将其置于案头，每每望见这美丽的雨花石，便想起那深山中的青龙洞，那默默无闻的山野。

林涛竹海三江口

ZHAOTONG

大关乌蒙山国家级自然保护区三江口，辖区总面积 62970 亩。有关专家表明，三江口地区是全省乃至全国珙桐、筇竹最集中连片地区，有筇竹 10 万亩，占全世界筇竹资源的主要分布地——中国西南地区的 43%，是名副其实的“筇竹之乡”。

三江口，地处大关与永善交界处，属于大关的部分全部在木杆镇境内。其名缘于该处有三条小河在群山逶迤之间盘旋交汇，山里人以夸张的想象力，以河代江，冠以三江口之名。

三江口有一条公路横穿而过，原属于 213 国道线。现在国道线改成柏油路，改道绕过了三江口，使三江口成了被遗弃的孤儿。幸好那条弯弯曲曲的泥土公路并没有废止，虽然破破烂烂地扭曲着，却仍有车辆通行，成了三江口连通世界的唯一途径。

沿着弯弯曲曲且凸凹不平的泥土公路，在微型车的颠簸中，逐渐进入了三江口深处。等到停车时，已经临近大关和永善的界碑处了。三江口山多树多雾霭多，草多竹多绿色多。下车后放眼四望，群山逶迤起伏，绵延不绝，万木绽绿，千竿吐翠，蜿蜒起伏绵延不绝的翠绿扑入眼帘，清新甜怡甘爽宜人的空气沁入肺腑，空明舒爽的感觉瞬时溢满身心。山间多处属于原始森林，据说几人合抱不过来的大树比比皆是，游客是很喜欢树木的，但因为时间关系，无法前往一观，殊觉遗憾。好在最负盛名的筇竹林就在眼前，也算是不虚此行罢。

入林之前，大家互相吩咐要小心些，不要走迷失了。我选择了一条相对平缓一些的小路，率先进了林子。小路两旁林林立立的全是筇竹，翠绿挺拔的竿，浑圆硕大的节，稀疏瘦长的枝，尖细窄长的叶，枝摇颤颤，叶舞翩翩。林间小路上铺满了竹叶，还有采笋人剥笋后丢下的笋皮，踩上去软绵绵的颇觉舒服，加之林荫如盖，翠绿满眼，清香扑鼻，人不觉就沉醉了。不过这是一种清醒而飒爽的醉、舒坦的醉。清新的空气使肺叶舒缓地扩张开来，鼻翼贪婪地歙合起来，舒适、惬意甚至贪婪都写满了面容，那神色简直就是葛朗台跌进金窟时面部表情的特写。抓住机会，我们拍了几张照片，不为留影，只为留住筇竹的风姿，留住绿色的梦境。

穿行在筇竹林中，看着筇竹相似而不相同的身姿，不觉竟羡慕起筇竹来。筇竹在竹类中显然是有着得天独厚的独特优势的。筇竹外形美观，有人曾赞美竹类是一步一个总结，而筇竹则绝不只是总结那么简单，肯定还有整顿的成分。竹节那圆盘状的凸起，如同采用了夸张的手法，比其他竹子的节明显高

❶ 三江口林区

❷ 木杆珙桐鸽子花

出了很多。若是把一节筇竹沿节缝横断开来，整个就是一个小唢呐的形状。正是这美观得近乎怪异的竹节，使得筇竹身价倍增，很多人喜欢用筇竹做手杖，也喜欢用来做烟斗。筇竹的节不仅很大，而且坚硬异常。在家乡一带，筇竹的竹竿又叫着“罗汉棍”，还有一句歇后语叫作“罗汉棍打狗——就怕遇到节节”。这话和不怕一万就怕万一差不多，为什么说罗汉棍打狗就怕遇到节节呢？因为筇竹的节过于坚硬，一遇到节节可能就把狗打残甚至打死了，而山里人讲究打狗看主，打残或是打死别人的狗，后果是很麻烦的。当然，如果只这些特点，显然还不能说筇竹有得天独厚的独特优势。筇竹还有一大优势，那就是筇竹笋。筇竹笋白皙鲜嫩，味美肉厚，是有名的山珍。木杆的筇竹笋市场早已拓展到了国外，每到采笋时节，乡亲们都要到山里忙碌一段时间。就在优哉游哉的漫游途中，多次听到筇竹林深处有采笋人窸窸窣窣的响动。毋庸讳言，此行也有几分冲着筇竹笋的意思。

游走在三江口的筇竹林里，就如同游弋于翠绿的海洋。那纯洁透亮的绿，明丽逼眼，那赏心悦目的翠，酣畅醉人。在绿中沉溺，在翠中迷醉，心更加光明洞彻而晶莹中和，“兀然而醉，恍然而醒”，竟不知暮色四合而天光已暗。恋恋不舍地走出筇竹林，夜已笼罩了群山。离筇竹林不远那个几十户人家的小村庄里，居然有一个卖羊肉汤锅的小吃店，据说是只在采笋期间才开业的，生意特别火爆。联系的时间晚了一些，只好无奈地排队等候。不过对着喷香的羊汤锅，吃着新鲜的筇竹笋，喝着烈性的苞谷酒，心情逐渐兴奋，排队苦等的怨气也

木杆筇竹

就消散了。

送我们上车后，老万便转身向他的学校走去了，那里是属于他的天空，还有属于他的学生。我不知道我写下这些文字的时候，老万是在三江口弯曲凸凹的公路上，还是在筇竹林清香松软的小径上。我知道，无论在哪里，都会有成群的学生，都会有四季的风歌，都会有终日的泉鸣。我也知道，置身三江口而扎根筇竹林，体验着生命的绿色，放飞着生命的激情，老万也会成为一棵筇竹，成为一道行走着的翠绿的风景。

三江口，筇竹林，逶迤起伏无限绵缠的山峦，枯瘦坚劲绿翠盎然的筇竹，夏邀鸣蝉冬邀霜露，春伴繁花秋伴云影。清香阵阵，绽放的是智慧和快乐；流泉淙淙，弹奏的是热情与执着。我相信，我会梦见三江口，梦见筇竹林，就像庄公梦见蝴蝶、李白梦见天姥山，就像荷马梦见伊利昂、但丁梦见天堂的玫瑰。我也相信，群山深处那搬不动的三江口，带不走的筇竹林，还有我的同学老万，都不会永远无声地沉默。

探秘中国最美瀑布公路——关河大峡谷

ZHAOTONG

以前说起云台山一带的瀑布，一般过往车辆的驾驶员和游客都说好免费洗车；但在喜欢探险旅游的人眼里，它却成了一条最美的瀑布公路！

中国有多少条瀑布公路？有人说中国最美的瀑布公路在西藏的墨脱，但从探访者的照片中看出，墨脱公路够险，越野车从瀑布中穿流而出，这种印象也够深，但那还谈不上是真正的瀑布公路。

直到一次无意中的邂逅，我闯入了一条几乎与世隔绝的瀑布公路，那是一条真正的瀑布公路。且不说整条公路上不停有瀑布在你的眼前闪现，在最危险也是最精华的1500米长路段，这条公路上竟挂着20多条大大小小的瀑布，这是一条名副其实的瀑布公路。

这条瀑布公路就在云南昭通近乎封闭的大山里，就在大关云台山！

小车在悬崖峭壁间的老国道上蛇般地游走着，身旁不时有瀑布掠过，一边是凌空的绝壁，一边是滔滔的江水，这是一段真正的蜀道，果然是蜀道难，难于上青天。我正在感叹之时，双向的车道突然间变成了单行道，只见前方一条瀑布从悬崖坠下，全部跌落路面当中，看得出来，所有的驾驶员都有所迟疑，但看到前方车辆进退两难，每一辆车都鼓起勇气鱼贯而入钻进了瀑布里。

瀑布跌落在车顶之上引起了巨大的轰响，前窗除了水流什么都看不见，即便将雨刮开到急速也无济于事，只有不停地开大灯、打双跳和鸣按喇叭，根据喇叭声来判断对面是否有车辆挡道。这种行车完全就是凭一种侥幸，等好不容易穿出水瀑，那感觉，如同刚过了一道鬼门关。

穿出瀑布，以为万事大吉了，刚想松口气，可又见前方一道接一道的瀑布挂在眼前，我惊奇地揉了揉眼睛，有没有搞错？这里的瀑布怎么不集中在一处落下，而是一条条地挂在一公里多长的悬崖之上？

如此奇景怎能让我不兴奋，这仿佛就像走进了阿凡达的梦境里，我多想停下来一探究竟啊。然而看得出来，整个车流进行得十分紧张，这种紧张让你丝毫不敢停车，更何况也根本没有停车的地方。

当时经过瀑布公路时并非雨季，如果到了雨季，这瀑布公路该是何等的壮观呢？如此想着，竟让我激动不已。

好不容易捱到雨季来临，按捺不住的心早已驿动，我迫不及待地驾车从昆明直奔昭通而去。沿途路况极差、来到昭麻高速麻柳湾出入口，这里除了直通宜宾的高速公路，还有两条道路可选，一是盘山而上直通犍为、成都的213国道，另一条是沿着大关河通向盐津、重庆的325省道，沿着这条道路前行6公里，便可来到我心仪的瀑布公路。

此行专门做了个数据记录，全程柏油的公路到了瀑布公路段为抗水击而改用砖石铺就，在这段全长1500米砖石公路的悬崖上，挂着大大小小24条瀑布，其中至少有5条瀑布可以直接开到水帘下洗车。

第二次的到访，让我看到了一个奇怪的现象，

关河峡谷云台山

这虽然是雨季，可这些瀑布群的水量规模依旧，是不是云南的大旱让瀑布公路显得不温不火了呢？

之后多次探寻未果，总算在这次夏天碰上了云南的“7·19”特大暴雨，昆明变成了海洋。不仅如此，在网上看到大关河支流高桥河山洪暴发，大关电厂的员工连夜攀岩逃命。于是，我决定再次寻访这条中国最美的瀑布公路。

来到大关电厂，这里离瀑布公路不远，高桥河的河水从这里咆哮着涌入大关河，原先清澈的河水变得浑浊不堪。只见岔入高桥峡谷的路口上写着道路损毁严禁入内的告示，在好奇心的驱使下，我不顾警告驱车拐进高桥峡谷。

高桥河的洪水依旧施虐着，虽然据大关电厂的员工们说，洪水已经退下去近 10 米，但洪水的咆哮声依旧让人生畏。路旁的植被总挡着我拍摄的视线，突然见前方路段旁无一丝遮挡物。我一阵兴奋，直接将小车往前方路边开，由于从来没见过普通道路上无一丝遮挡物，潜意识里，我在光路前 3 米处踩下了刹车。

放眼整个峡谷，除了施虐的洪水咆哮着跌入深潭，暴雨过后的青山更加葱翠，虽偶有泥石流顺悬崖奔流而下，大部分悬崖上的每一道瀑布都激情依旧，一条深邃的峡谷俨然成了“千垂百练”。

想象着瀑布洪水奔泻的样子，我带着激情来到瀑布公路，然而眼前的景象却让我惊奇不已：只见那 20 多条瀑布依旧是那样的清澈，依旧是那样不温不火地悬挂着。这，简直就是奇了怪啦！

由于道路险阻，瀑布公路并未进入当地人们的审美视线，大关一带最有名的就是黄连河瀑布群，她是昭通的十大名片之一。我在探寻瀑布公路之机曾专程去那拜访过，昭通被称为云南的千瀑之地，由于水资源发达，昭通很多山腰都开发了水渠，其中黄连河瀑布群便是人工水利下的杰作。当我每次来看见瀑布公路上的瀑布群无论是干旱还是雨季都是那样不温不火的样子，那是不是瀑布公路悬崖之上也兴修了水利而专门开出一段段的漏水口而形成连绵不绝的瀑布群呢？

带着这个疑问，我多次利用双休来回近千公里自驾到大关附近的山道上左冲右突寻找答案。好在麻柳湾高速出口的 213 老国道正好盘旋到瀑布

公路的山腰上，这正好给了我探访瀑布公路源头的机会。

213 老国道在悬崖上盘旋而上，这是一条非常危险的道路，不仅仅是弯多路窄，更主要的是这里的大货车源源不断。这些大车不时停在斜坡上修理，不少大车前车灯都是烂的，看来都是弯道上错车擦碰所致。

顺着老国道爬上寿山，只见石门关历历在目，周边的大旗山、紫金山将大关河压缩成一条细丝带。沿着关河走向，分别分布着内昆铁路、85 国道渝昆高速和 325 省道，这些都是人类创造的奇迹，特别是高速公路整条都架上江面之上，令人非常震撼。

摸到寿山乡，原按距离估计这里的脚下便是悬崖瀑布群，只见悬崖峭壁旁窄窄的公路边高耸着一座寺庙，在斜坡窄道上冒险停车走入寺中，这寿山紫云阁寺的海觉法师寻给了我答案。原来此处称为滴水岩，这些瀑布是没有源头的，都是从悬崖裂缝中渗透出来的山泉水。怪不得瀑布群永远都是那么清澈地流淌着，原来这全是自然的造化之功啊。

在此之后，凡来云南的驴友影友，我都极力向他们推荐大关瀑布公路，每一位跟我前行的同行者当看到瀑布公路后都大呼过瘾。然而由于山高路险，如今借道而过的车辆都驶上了高速公路，这一条隐秘的瀑布公路便更加孤寂了。即便当地车辆不得已而过之，都抱着一种谨慎的态度匆匆而过。每当我在瀑布公路上停车拍照时，来往的当地车主均提醒我不要在此停留，因为悬崖上常有飞石掉落。

在大关瀑布公路周边，有当地人称道的黄连河瀑布群，有千年古镇豆沙关，更有雄踞西南的石门关，还有历史遗迹五尺道和悬崖之上的僰人悬棺。但无论这一切，都抵不上远在声名之外的公路瀑布群，正是这些神秘无源的天上之水，才造就了现今中国最美的瀑布公路。

云台山瀑布公路

桃花烂漫金龟山

ZHAOTONG

知道金龟山，就知道那段流传已久的童谣：“金龟山，金龟山，吃云南屙四川”，还有修“镇塔”的传说。如今，因为扶贫开发，这里已打造成为乡村旅游开发的好去处。

“三月桃花尽芳菲，朝朝山云随担归。”说的是大关人过去爬龟山、赏春色、朝宝塔的盛况。

农历的三月，关河两岸，继白色的杏花、梨花开放之后，便是粉红一片的桃花烂漫。放眼望去，县城对面笔架山的丛林深处，住房周围，到处都有桃花装点，有如红豆般大的花蕾，有红白相间的盛开桃花，微风起处，落英缤纷，显示出盎然的春意。这时节，阳光煦暖，轻风拂扬，春色融融，桃树花繁，其他树木的枝头挂着翠绿，地上也有了茸茸的绿茵，大地复苏，正是人们郊外踏青、饱览春色的大好时光。

大关县城过去住户不多，但每到农历三月初三，大家相约出门去游笔架山下的金龟山，其盛况也不亚于过年过节。这一天，县城居民便一家一户，男女老幼，邀邀约约，从县城向关河边走去。过了化龙桥，顺着蜿蜒崎岖的羊肠小道，向金龟山顶的宝塔行进，既朝拜神灵，又可沿途观赏春景，确实让人心旷神怡，爽心悦目。

金龟山，比海拔1100米的县城矮了许多，站在县城俯视，便可将其一侧尽收眼底。这是连接笔架山的一个相对独立的小山堡，

其形如龟，是以名之。有一个自古以来的传说，龟山是上天给予大关人的恩赐，托起大关人走向好运。这金龟本来应是顺莲花峰的走向，头朝北，尾向南，追逐河水走向四川，走向大海。然而，金龟在下落的途中，调皮地掉了方向，坐落关河边，便成了头南尾北。这一来，大关乃至昭通地区的财富保不住了，金龟竟然是“吃云南屙四川”，把云南的财富源源不断地送给了四川。难怪四川竟然成了“天府之国”，物产丰富，地方富庶。大关人眼看日子一天穷甚一天，觉得应当想个办法，在金龟山背上修一座镇山之塔，截留一点财富养活自己。于是便建起了镇山的祖师塔。

关于这个传说，在《大关县志》（张维翰校本）中得到印证。该书记：金龟山“山势凸拔，背留龟坼，居人锄土尝掘获石龟无数焉。上有古寺，极为壮观，襟蛇山而带关河，颇具形胜。前清同知伊里布来抚是邦，鉴于河水散流，财源不聚，

金龟山古道馆

增建石塔数级以塞其流”。考诸史籍，伊里布于清道光二年（1822年）任大关同知，在他的倡导下，县厅出资，百姓募捐，历时两年余在金龟背上建有六角形的石墙木结构宝塔，其塔三级，底层宽阔，渐上渐小，有木梯上至塔顶，内供祖师神像，侧设殿宇一间，供道家神位，由道家执掌，远看确实壮观。

宝塔殿宇建修完毕，百姓趋之若鹜，每到农历三月初三，便前去朝拜。有的人非常虔诚，过了化龙桥，攀上砚池台，就要一步三叩首了。走进殿内、塔内，便燃香点烛，祈祷神灵护佑一方平安。之后，便在山林内、桃树下尽兴游玩，享受春阳中的暖意。

金龟山被本地文人称为一景，是“关阳十景”之一。龟背上原栽了许多梧桐树、枧树，入秋后，树叶渐次落光，只剩下若干光秃秃的树枝。站在对岸的倒马湾，可以清楚地看到不同颜色的地坼，好似龟背上的甲片。到春夏之交，树木发芽，又可见到地气升腾，笼罩在树木周围，好似树木生烟，加上农户的炊烟袅袅，形成一道道“烟树”奇观；整个龟背如同笼起一片轻纱，确有独特的神奇。

民国时期任职大关县长的杨振海，于1947年写有“金龟伏涧暮烟笼”的赞诗。曾在宾川就任县长，以后卸任回籍的郭朝英，在编纂《大关县志》（旧志）时有诗描述秋景中的宝塔宝殿笼于轻烟之中，盛赞伊里布建塔之举，描绘当地农户一天劳作之后，乘着烟霭回家的情景，表现了“龟山烟树”的奇特景象。

大概是20世纪五六十年代，一场暴雨过后的惊雷将塔的顶层击倒，只留下塔身的下半截。现在又有道家信众集资修葺，供奉神灵，然已难复其旧貌。由于时光的变迁，山上的桐树、枧树也被砍伐殆尽。为改变生态环境，让当地农户富起来，20世纪90年代，县政府发动单位职工、当地群众在龟背上打台地，以免水土流失。之后，又通过扶贫渠道，购进大量桃树苗，现在的龟背上，水蜜桃树已然成片，农户获得了收入。每到春天，金龟山上依然是桃花烂漫，旧貌有了新颜。

❶ 金龟山桃花源

❷ 金龟山桃花节

第三章

关河文化　源远流长

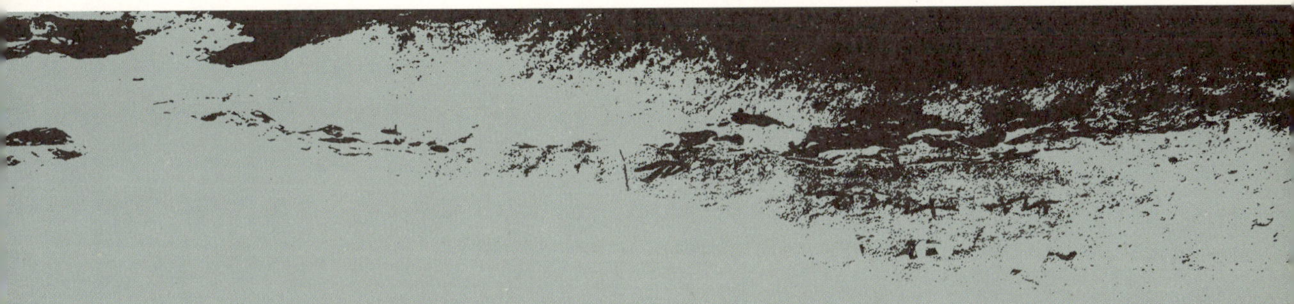

“关河文化”是关河沿岸人民的精神家园，也是构成关河沿岸“软实力”的重要基础。一旦“关河文化”得到普遍的认同时，“软实力”便会变成全面建设和谐小康新大关的“硬支撑”。

张维翰体国怀乡桑梓情

ZHAOTONG

沧海桑田，张维翰先生的一生充满传奇色彩，透过历史的烟云，我们知道温文尔雅、才冠群英的他，即是官宦人物，也是文人雅士，曾主持编修《昆明市志》《大关县志》。1978年，《大关县志》在台湾出版。

张维翰先生是一位崇尚孙中山先生、心系国事的长者，又是一位捍卫民主共和的志士。关河水养育了他，大关人民淳朴勤劳的品质影响着他，那颇具传奇色彩的家风家传也直接影响着他。

一个偏远小县，却能走出一位原国民党中央政府的要员，足以说明张先生确是一位干才。他有参加云南“重九起义”的经历，有护国运动中建立的殊勋，用他的话说，他是心怀“体国怀乡”之志，这与他的家传有着极大的关系。

他的祖父张元谟，字赞卿，原籍云南元江。清咸丰三年（1853年）授大关厅左营中军守备，领游击衔，乃携家室入关。清光绪元年（1875年）“告老休致，诰授振威将军”。赞卿公本欲回籍，因大关士民恳挽，觉大关气候凉爽，遂落籍大关，于县城西门内购地建宅。赞卿公能文善书，雅好经史，与县内文人多有交往。清光绪二十年（1894年），他闻甲午海战北洋水师倾覆，中国战败签约，气愤至极，乃一病不起，有“廉颇老矣，未能尽心国事”之慨，忧愤而卒于家。

维翰先生之父张升瀛，字仙坡，以军功保叙花翎同知分省后补知县。光绪二十年（1894年）拟赴黔任职，以父丧乃罢。后奉督办云南矿务大臣唐炯（字蓴生）之遣，任盐井渡转运京铜委员。仙坡性喜书画，善布置，住宅庭院“殊有雅致”，为地方人士称羡，时任大关厅丞龙文为之题“娱老”门额。光绪二十六年（1900年），义和团为八国联军所灭，京城遭劫，清政府签“庚子赔款”之约。仙坡闻讯，忧愤填心，“以时局攒心”，卒于盐井渡任所。

维翰先生在家排行三，故字季勋。其长兄张维周在祖殁父赴盐井任职时，以20岁之龄而担起持家扶弟之责任。光绪二十一年（1895年），地方染时疫，维宗于病中闻戊戌政变失败，“六君子”遭难，倍觉伤感，仅21岁便辞世。

从1894年甲午海战后丧祖，到1898年戊戌政变失败丧兄，再到1900年庚子赔款后丧父，六年间，张家连逝祖孙三人于国难，足以反映张氏三代对国家的情怀。

张维翰

维翰先生家六年中连丧三人，家庭经济拮据不振，幸得长兄维周妻钟氏强力支撑，抚二弟成长。仲兄维扬年方21，便虑家计而辍学从戎，初为昭通镇标外委县厅参保，继署左营雄魁及盐井度汛官。后进修于省武备学堂，毕业后在县丞彭汝萧标下任滇东江防第一营帮带，后晋第三营管带，民国时领少校衔。民国三年（1914年）去职赴昆从商以补家用，年60而卒于昆。

维翰先生得长嫂之严促，未10岁入关阳书院读“四书”“五经”，受族兄张维宗之严教。关阳书院，在滇东北也算小有名气，从这里走出的举人有7人之多，如孙发元（景文书院、关阳书院塾师）、陈永昆（四川实授知县）、胡开云（绵竹县知事）、吴良桐（蒙自道尹、省政府秘书长）等。

先生受家庭之熏沐，维翰先生年少便怀报国之志，刻苦读书，决心走出乡关，为国为民干一番事业，也就有了后来他参与云南“重九起义”、维护共和的壮举。

1911年10月30日（农历九月初九），同盟会员和民主革命志士们在昆明发动了“重九起义”，宣布云南独立，成立“中华民国云南大都督府”，积极响应辛亥革命。维翰先生身在军营，掌管机要，为起义而积极奔走，多方联络，随即晋升为云南都督府秘书长。

1912年1月1日，孙中山先生就任中华民国临时大总统，在中国大地统治了近250年的清王朝寿终正寝，从而结束了中国2000多年的封建帝制。然而，北洋军阀头子袁世凯窃取了革命胜利果实，对南方的民国政府大肆施压，2月13日，孙中山被迫宣布辞去临时大总统职。

1912年，张维翰先生受云南都督蔡锷派遣，以省行政公署总务科长的身份，曾入京联络各方，“襄洽军务，拥护共和”。1913年“二次革命”爆发，张先生随蔡锷兴兵讨袁，参加“二次革命”。“二次革命”后，张先生以20余岁之龄任盐务督煎总办，继任盐兴县知事。民国三年（1914年），改任个旧县知事。先生在盐兴、个旧任职时，努力兴办教育和地方实业。

1915年，蔡锷逃脱袁世凯的严密监视，从北京转道香港经越南回国。袁世凯派心腹拟于蒙自车站刺蔡，如若不成，则遣其心腹阿迷县（今开远）知事张一鹍借接风之机下毒。维翰先生得知此情，将信息及时通报护蔡将领唐继尧，并派人暗中护蔡。袁世凯的毒计终因维翰先生先识而破败，蔡锷得以顺利返昆，领导了护国斗争。

蔡锷回到昆明，立即与都督唐继尧、老同盟会员庾恩暘、罗佩金，军界将领李烈钧、杨蓁等商议讨袁大计，组建“中华民国讨袁军”。时先生任职个旧，受罗佩金之托，购得良马数十匹，运至昆明。

1916年元旦，云南护国军举行了盛大而庄严的誓师大会，发布了讨袁檄文，随即兵出四川，同袁世凯派出的“征滇军”激战。

护国军一路势如破竹，大败北洋兵，威震川南，迫使袁世凯于3月22日取消帝制，这就是光耀史册的云南护国运动。

护国战争期间，袁世凯为切断护国军后援，在派出“征滇军”时，又遣其亲信龙觐光（广东路征滇军第一师师长、蒙自土司）之子龙体乾率兵骚扰滇南，进逼个旧，与川军成犄角之势，夹击护国军。时任个旧县知事的张维翰先生率警民与之激战三日，终因弹尽粮绝、援兵不到，只得突围。在突围时，先生身中两弹，倒于水塘，幸护兵力战救护，方得脱险，被送往昆明治疗。

张先生在个旧力战三日，为护国军在川南激战获胜赢得了时间。突围时，先生祖传之《壮心千里图》丢失，其继任多方寻觅找回。经历了战史的宝图，后有众多民国元老、学界名流为之题诗题词，见证了先生在护国运动中的不朽功勋。

护国运动是云南人民的光荣历史。云南人民为维护民主共和付出了沉重的代价，死2000余人，伤3000余人；动用了云南省年财政一倍半的支出，连中等以上学校都因财力不继而停课数月；调动了云南几乎所有的骡马运物，以致此后几年云南因运力不济而经济萧条。

1935年，正值日寇虎视眈眈将要大举侵华之际，为振奋民族精神，民国政府组织了盛大的“云南首义20周年祭日”活动，并决定每年12月25日为护国纪念日，让全国人民世世代代不忘云南首义之功。在这段伟业丰功中，张先生也是功不可没，正如他所说：“为国计民生，岂因祸福趋避之。”

1917年4月，维翰先生被派赴日本东京帝国大学攻研政法。1922年归国后，先后任职蒙自道尹、昆明市政督办。1928年6月，任省政府委员兼外交部驻滇特派员。1930年任省民政厅长，代表省政府赴南京签订中法越新约。1931年任中央立法院立法委员兼秘书长。

1937年“七七事变”，日寇大举侵犯中国，全民抗战爆发，张先生以立法委员佐内政，遍历江南各省巡视动员抗战。1939年6月，改任内政部政务次长。1946年1月，被派任云贵监察使，严督各省战后恢复。

1947年初，先生当选行宪第一届监察委员，兼任云贵监察使。农历闰二月初七，“巡两省县邑，方克还乡”，回籍省亲扫墓，并敦促家乡志书的编纂。

张先生对家乡志书的编撰始终记于心上。1931年，大关县设局修志，因多种原因而时断时续。40年代初，先生曾致函县政府予以敦促。1945年，时任大关县长夏运麟组织人员续写，由张维翰先生之侄张铭琛任主任，周梦云（笔山小学校长）、游孟庄（女校校长）等执笔，众多文人学士参与采访，县志编写工作开始正常化。夏致函张先生担任校审并为作序，先生慨然允诺。返乡之际，见编修工作正加紧进行，先生甚为心慰。

1949年初，维翰先生改任川康监委、驻云贵行署，收到县人送去的县志手稿。8月，先生卸监委职，月底离昆经港转粤。10月，离广州再度赴港，受香港新亚书院之聘教授文史，等候家室。12月4日，在卢汉宣布云南起义的前五天，其妻仲孝余女士携两幼女及志稿、家谱经越南到香港与先生会合。

1950年，张先生应当局之召赴台，历任监察院副院长、代院长。直到75岁高龄才终于卸去所有职务，做环球游以颐养天年。1975年，先生已是90高龄的老人，自觉夙愿未了，乃逐卷审校县志稿，历两年时间乃成。先生在《大关县志·序》中写道：

> 丁卯冬（1987年），余年已九十，深念乡人托付之重，难再企延，遂自丙辰（1976年）元旦开始乃逐卷审阅。全稿原分十六卷，体例一仍其旧……仅删冗繁，惟人物志与艺文志凌乱失序，因依年代先后加以厘订……每卷一完，即交余私人秘书简君明勇（注：台湾师范大学文学硕士、副教授）手抄，陆续付工打字后，详加校对……俟

出版后带回大关以告慰乡人。原稿则送请国史馆予以保存。顾此稿虽经铭琛、华宗、泽远诸世讲与卧云（游梦庄）女士多年辛苦始克完成，究属草创，余又未能有所润色，深兹歉疚，惟冀后世之贤者能参照清代章学诚（太炎）先生《文史通义》中《论修志》之所列举采集储备而加以增修，使吾邑志乘臻于完备，是则余以九二衰龄播越海滨体国怀乡惓惓不已之企望也。

1979年9月1日，先生在了却夙愿之后，病故于台湾，终年94岁。

《大关县志》（张校本）刊印面世后，大关县史志部门通过香港渠道购回复印发有关部门，在县内产生了深远的影响。这部上溯远古迄于民国年间记载大关山川、交通、经济、政务、地方风物及人物等方面的志书，是一部研究大关历史进程的极为珍贵的资料汇编，是一部信史。张先生竭力校审并出资刊印，方便今人参阅、借鉴，为大关县存史做出了贡献。

一部手稿本，张先生赴港时不忘携带，并于“衰龄”时认真校审，确实难能可贵。一旦散失，众人心血付诸东流且不说，再要去查寻这些资料就极为困难。到20世纪90年代，大关县新编《大关县志》（1998年版），有关大关历史部分，大多取材于老县志。当我们翻阅新老县志时，我们一定不要忘记这位心系桑梓的老人。

世事茫茫难预料。自此一别去台，先生再未重返生他养他的大关。我想，当这位可敬的老人画上修订后的最后一个句号，他定然长长地伸了一个懒腰，脑海里渐次浮现起美丽的春城，巍峨的笔架山，澎湃的关河，童年的关城，还有，久违的乡音。

云南才子龚自知的精彩人生

ZHAOTONG

龚自知，云南有名的才子，才华横溢，为人忠诚，是龙云的秘书和智囊，是云南现代教育的奠基人，传播马列主义云南第一人。1935 年受龙云委托，创办《云南日报》，任常务董事，主持编务近 10 年。

龚自知（1894—1967），原名龚兆麟，字仲钧，大关县翠华镇人。年及弱冠赴昆就学，后考入国立北京大学文科预科（先修班）深造。1917 年，获文学学士学位，回滇任政务厅英文秘书兼中学教员，并创办《尚志》杂志，宣传新思想。后任教于云南高等师范学校、东陆大学。1922 年任云南教育司参事、昆明市政公所教育课课长和昆明市立中学校长，推行义务教育，全市适龄儿童入学率为各省之冠。1928 年任省政府秘书长，1929—1945 年任省政府委员、教育厅厅长。期间，他推动教育立法，争取并实现教育经费独立。倡议和组织抗战时期疏散来昆的一批医务人士，于 1939 年组建昆华医院。

1934 年，龚自知向龙云提出“滇人治滇”方针。1935 年，创办《云南日报》，任常务董事，主持编务近 10 年。1945 年 5 月，被选为云南省参议会议长和国民党中央执行委员。1948 年 5 月任国民党立法院立法委员。1949 年赴香港，登报声明脱离国民党，协助龙云策动云南起义。

云南解放后，历任西南军政委员会委员，云南省人民政府副主

龚自知

席、副省长，第一届民革省委主任委员、第三届民革中央委员。1957年，龚自知被划为“右派”而受到错处，降任省政协委员、省政府参事，党的十一届三中全会后得以纠正平反。1967年病逝于昆明。龚自知对家乡教育事业十分关心，曾捐赠《四库备要》《万有文库》《小学生文库》等书籍给大关。

龚自知先生早年赴昆求学，以优异成绩考入北京大学文科预科班。学成返滇时，正值唐继尧二次登台，掌管云南军政大权。在那军阀混战、民生凋敝的时局下，血气方刚的龚自知撰文揭露抨击，激怒了唐继尧，被唐派打手打成重伤。龚自知被殴事件轰动昆明，市民对其深表同情和赞扬，龚亦名扬云南。1927年，龙云“6·14”政变成功，请龚起草宣言。此后，相继委任他当省政府秘书长、教育厅厅长等职，成为龙云智囊团的核心人物。

龚自知被启用不久，龙云派他以考察教育为名，遍游南北各省，窥探中央政策走向，结识各省军政大员，分析判断未来形势发展趋势，为稳定云南、治理云南提供决策意见。一年后，龚自知返回家乡云南，立即向龙云呈递了一份详尽的考察报告。报告分析了当时各党派、各种政治势力基本的政治态度利益诉求以及相互之间的妥协、联盟、冲突、斗争，分析了国内政治形势发展的趋势、前景，提出了云南“关起门来搞建设”“滇人治滇”“固本兴滇”的应对方针。发展多种教育，选送资助留学、游学人员，培养高级专门人才；加快内结川、黔、桂，外联东南亚的公路、铁路建设，地尽其利，货畅其流。与此同时，还应创办报纸，大力宣传云南政令，笼络人心。这就是“滇人治滇”方针。龚自知的建议，投合龙云心意，立即被采纳并付诸实施，由此，便有了关起门来建设云南的一系列重大举措。

滇人治滇，急需大批滇籍人才，而人才又靠培养。鉴此，龚自知建议办好教育，大力培养人才。为了多出人才，龚自知首先是清理、整顿云南的教育公产，争取教育经费独立。在省教育厅长任上，龚在省里成立了教育经费管理委员会，统管统收，各学校建立了严格的会计制度。随着教育事业的发展，原来按学田等教育公产的收入来开支，已满足不了需要。经过龚自知的力争，省政府将烟酒专卖税、牲屠税划给教育厅管收，作为教育经费的来源之一。由于经费独立，从而保证了全省教育事业的正常发展。

龚自知深知，如要发展教育，必须培养好办教育之人。1929 年，龚自知刚一到职，在争取教育经费独立的同时，花大力气办理的一件事，就是发展中等师范教育。对全省已有的 4 所省立师范学校予以整顿，改善教学条件，充实师资力量，强化教学管理。随即，又在保山、昆明增设省立第五、第六师范，并要求各县开办乡村师范学校及短期师资训练班。至 1930 年，全省各县开办乡村师范学校 14 所、师资训练班 73 班，又在各中学校中增办师范专科、社会教育专科、幼稚教育师范科。1933 年，省政府颁发《师范教育实施纲要》，将全省划分为 9 个师范学区，每个学区设立省立师范一所或数所，历年增办。至 1936 年，全省共有省立师范学校 33 所，其中女子师范 3 所，体育师范 1 所，艺术师范 1 所，县立乡村师范、简易师范 44 所。这些师范学校的在读生，其膳食、服装、图书用具等由公费按标准供给；教职员待遇优厚，并定期轮岗集中培训、进修。为了吸收国外办学先进经验，曾派出一批中学、师范的校长、教师赴欧美考察进修，考送了 40 名学生留学美国，这在当时的中国是绝无仅有的。这些师生学成归国后，为家乡建设做出了贡献。

在建盖学校、增设校舍和增加社会教育设备方面，龚自知将设在昆明的省立师范、省立一中、省立女子中学、省立工校、省立农校等均冠以“昆华”二字，投入上给予倾斜政策。在他的主持下，原昆明大、小西门外形成了学校区，又为昆华中学、昆华师范、昆华农校建盖了规模宏大的新校舍，同时增加了昆华工校的教室和教学设备。还对全省办得好的中学增发了一批现代化仪器和动植物标本，配发商务印书馆出版的《万有文库》、中华书局出版的《图书集成》等书籍。民国二十年（1931 年），在全省教育行政会议期间，当他得知大关县无款无书开办民众教育馆实情后，立即批文，拨给补助费 1000 元，并将自藏书籍 72 部共 614 册捐给大关县民众教育馆。

龚自知在云南现代文化教育史上之所以产生巨大影响，与他天分高、勤奋进取，幼时受到过良好的家庭教育，又到北大大开眼界，回滇后在文化教育上能事事领先有关。他的父亲龚藩曾为四川提督唐友耕幕僚，候补知县。幕僚，其实也就是高参、秘书，意味着见多识广，文化基础扎实、雄厚。龚自知大得乃父遗传，幼年时厚实的私塾文化基础和青年时期练就的眼光和胆识，使他有可能接触那个时代文化上的领衔人物，接受新思想、接触新事物，并迅速恰当地做出反应。还在北大读书期间，龚自知就受到过蔡元培、陈独秀、胡适之等导师思想的熏陶，回滇后又曾得到过当时在云南游说唐继尧参加护法的广州军政府秘书长章太炎的赏识，所办《尚志》杂志刊名题字，即为这位国学大师手笔。以此为起始，龚自知在他此后一生的所作所为中，充分体现了他过人的文化智慧，被誉为“大关才子”。

既称才子，则才子择偶必与其才情相配。龚夫人彭望澄，乃是旧时苏州城里赫赫有名的“尚书第”彭家大小姐。而彭家之所以值得一提，是因为其家族直接与现代中国文化重量级人物蔡元培、章太炎、李根源等发生直接关系，举足轻重。龚自知能在云南现代文化教育史上有所作为，和他特定的家族及所处特殊社会位置有关，且意义重大。

有个叫俞明的作家，与彭家很熟，曾在《新民晚报》上连载过一个有趣而有意义的纪实故事，叫《五妹旧梦》，讲的就是彭家五姐妹及其文化名人的逸事；苏州的古吴轩出版社将其改名为《尚书第旧梦》，并配以精美插图正式出版。可惜该书印数太少，现在已经不易找到。书中披露，明末至晚清，苏州彭氏先后出了13名进士。在清代苏州出的24名状元中，祖孙状元及第者，仅彭氏一门。后来翁同龢为彭蕴章撰书墓志铭时，这位皇帝的老师就自称为"门下士"。彭家五姊妹中老大嫁龚自知，老二、老三分别嫁给了李根源家和章太炎家，而章、李二人都是对中国文化产生过重大影响的重量级文化人。

处于这样一个"文化场"中的大关才子，会是一个什么状态、性情呢？《尚书第旧梦》为我们做了这样的表述：

> 其实，云南教育厅长龚自知，是云南有名才子，是龙云秘书和智囊，思想进步。
>
> 龚自知才华横溢，为人忠诚，虽生得矮小些，但相貌堂堂，眉眼间有股英气。
>
> 龚为人狷介狂放，除了工作结交政界人士外，至交都是一些教育和文化界的知名者。他说话诙谐，处事随和，但心里蕴藏着不能出口的话……他衣着朴素，一件布质长衫，脚着布鞋……

也就是这样的人，方可谓之"才子"，而由这样的才子来领导一个省的文化教育，这个省的文化教育事业，就必将和他所交往的重量级文化泰斗发生关联，并且必然地带有高瞻的、先进的特征。在这样环境下的教育事业，必然会欣欣向荣。

大关民教馆：划过天际的流星

ZHAOTONG

关河岸边，翠屏山下，传统的中原文化与地域多元文化相互渗透、交融，形成了大关县境颇具悠久的崇文尚儒、尊师重教风气。一代代教育人，薪火相传，焚膏继晷，造就了关河岸边的一批批英才，可谓是名宿荟萃、星光闪烁。

1940年前后，县城街道上总会见到一些年岁稍大、脸色黝黑的学生，既不是县中的学生，也不可能就读于小学，他们是大关县民众教育馆的学员。因为来自农村，他们不像县街的学生们那样白皙；因为他们就读于县城北的黑神庙，人们便称他们为“黑娃儿”。这群“黑娃儿”们为大关解放前后的教育以及其他方面的事业所做的贡献是不能低估的。

所谓民众教育馆，按当今的话来说，可以说是成人教育，或是职业教育，或是兼而有之。大关的职业教育，可以追溯到20世纪之初，有蚕业、养殖业方面的短期培训，县内也办过一些成人识字班，但都属短期性质。而实实在在的成人职业教育应自民众教育馆始，可以说，大关县民众教育馆开了大关县职业教育之先河，它有着一段光辉的历史。

那时候的农民家庭，只能守着贫瘠的土地赖以生存，每年的田地收成，除了交租交税之外，所剩无几。孩子长大后能在私塾识几个字就算不错了，要想进入正规小学就读，是很困难的。

民国二十年（1931 年），云南省政府通令各地设民众教育馆（简称民教馆），开展群众文化娱乐和相关的教育活动。大关县因财力不继，未予开办。县教育局局长罗泽远赴昆参加会议，时任省教育厅厅长的大关籍人龚自知严令速办，拨给滇币 1000 元，并赠送私人藏书 72 部 614 册，交罗运回，并嘱告委托地方名士郭朝英、周梦云负责办馆事宜。郭、周经过一番筹备，1932 年选址城北黑神庙开馆。

黑神庙，供奉黑帝之祠，建修甚早。后来，地方人士将为民有功而逝者的牌位移入以奉，亦称忠烈宫。关于黑帝，《史记·封禅记》有一段记述："汉高祖（刘邦）问曰：'故秦时，天帝祀何帝也？'对曰：'四帝，有青、白、赤、黄帝之祠。'高祖曰：'吾闻天有五帝，而有四，何也？'莫名其说。于是高祖曰：'吾知之矣，乃待我而有五也。'乃立黑帝祀。"这就是黑神庙的来历。

县城北黑神庙地势较高，须拾级而上。进入正门有一场坝，便于活动，两侧为一楼一底的木质廊庑。再登上石梯为正殿，是供奉黑帝及为民崇敬的忠烈们牌位的地方。大殿后有较为宽阔的场坝，宜于开展体育活动。之所以选郭、周二位筹办民教馆，不无原因。郭朝英曾先后任宾川、巧家二县县长，周华宗（字梦云）也先后担任过盐津代县长、彝良县长，他们卸任后都赋闲在籍。二人是饱学之士，在地方上有相当的威望，筹款办馆较为方便。

据周华宗《大关县立民众教育馆记》载："民二十年（1931 年）冬十月，划忠烈宫之前院为馆址，（以庙产）十分之一租谷为基金……先办书报及体育两部，于次年壬申季春开幕。规模初具，乃上其事于学教监察，准提礼义乡之庙租二十余石（为基金）……自开馆以来，阅读书报者常无虚座，青年之体育运动亦日有进展。"

1932 年，县政府正式委任周华宗为馆长。馆内设阅览、演讲、陈列、健康、教育五部，究其实，除开放书报阅览及茶室外，其他各部有名无实。

籍人朱云集负责书报阅览。除龚自知赠书外，县内官绅多有捐助，省教育厅又续拨《万有文库》丛书一套 2000 余册，为人们阅览提供了方便，也为地方增添了文化气氛。

1940 年，民众教育馆进入它的鼎盛期。郭、周二人受命正编撰《大关县志》，周华宗担任志书主撰，无暇办学。县教育局派时任郁文小学校长的梁启善到重庆三省民众教育馆长训练班受训，回县后，接任民众教育馆长职。他约请龙亚屏任教育主任、刘礼长为干事，聘杨通达、周远达、朱云集等人为教员。他主持拟订事业计划，建立和完善章程规则，将原有 5 部合并为教导、艺术、生计 3 组，设总务组负责后勤事务，开设民众茶室于阅览室内，为读者提供茶水服务；培修庙后场地为体育场，供青年开展球类运动。

这一时期的主业是开办教学班，招收县境内贫困人家无力就读正规小学的孩子以及年岁偏大的青年习一技之长。教导、生计、艺术、总务组各司其职，教导组负责教学管理、书报阅览、各种短期补习班及运动指导；生计组负责民众茶室、工艺传习和农事试验；艺术组负责民众娱乐、艺术指导；总务组负责文档、财务、物资管理。教学班始招成人班 1 班 37 人、儿童短期补习班 1 班 42 人，暑假招收短期训练班，让县城小学生有活动天地，每期人数不等。

民教馆开设国文、生计、公民、健康、娱乐 5 种教育活动。教学科目有国文、公民教育、教学原理、新生活运动纲要、算术、习字、编织、养殖技术等；艺术教育重在指导学员绘画、音律、器乐、园艺等实用技艺，以便从事教学或具备谋生技能。

抗战期间，民教馆不定时组织学生走上街头演活报剧、唱歌跳舞；馆门口墙上绘制抗日宣传画，营造抗战氛围。

民教馆学员完成学业后，大多回乡从事小学教育；有的走上仕途；有的发挥一技之长，从事实业。人民政权建立后，很多人投身革命和建设事业，成为解放初期的骨干力量。

1942 年，梁启善去职赴保山从教，龙亚屏接任馆长职，推进着民众教育事业。1946 年，民国政府忙于内战，经费支绌，庙产难收，民教馆无经费来源，被迫停办。次年，县政府强令复办，而部分教员已另择他业，无力办班，仅有阅览室在风雨飘摇中勉力支撑。1948 年，教员散尽，县政府令将书刊及馆产交由中学接收，大关民众教育馆终于寿终正寝。从 1932 年开馆到 1946 年停业、1948 年关闭，大关民众教育馆像划过天际的流星，闪过短暂的光芒后，只给人留下对大关文化史上的一段美好的记忆。

春风化雨教育路

ZHAOTONG

关河岸边，翠屏山下，传统的中原文化与地域多元文化相互渗透、交融，形成了大关县境颇具悠久的崇文尚儒、尊师重教风气，成为关河文化现象中的特色之一。

关河岸边，翠屏山下，传统的中原文化与地域多元文化相互渗透、交融，形成了大关县境颇具悠久的崇文尚儒、尊师重教风气，成为关河文化现象中的特色之一。

书院讲舍，促进民国时期教育的辉煌。清雍正年间实行“改土归流”，大关建厅，政归一统。雍正十三年（1735 年），厅城建设完成，同知张坦建景文书院于城内，同时兴办义学，开创了县境尚文风气。继之，各汛塘、村寨陆续开办义学，送出众多童生。一个偏僻落后的小县城，从建治到废科举的一百多年间，送出参加厅考的 300 余人、府考的 100 余人；有文武举人 7 人、贡生 80 余人。这在开发较晚的“不毛之地”，没有崇文重教之风的推进，是极为困难的。

即以教育场所而论，一个新建县城，交通不便，人口不多，就办有景文书院、关阳书院、云程讲舍以及城南城北义学各一所，这在全省来说实属罕见。众多饱学之士，如张维宗、孙东成等不愿入仕，甘于清贫事教，毕其一生扶持家乡幼儿童成才，实为难得。一代代教育人，薪火相传，焚膏继晷，造就了关河岸边的一批批英才，可谓是名宿荟萃、星光闪烁。

从清末到民国年间，据不完全资料（按张校本《大关县志》载），从关河岸边走出的留洋学子 17 人，就读各类大学的 30 余人、各级武备学校 30 余人、高中等师范学校 40 余人；进入仕途的官员如张维翰等中央级的 3 人，进入省级如龚自知、吴良桐等 5 人，成为省内外县知事、县佐、民国年间县长如郭朝英、胡开云等 34 人，领校级军衔或具相似级别的军官，如郭汾英、曾世华等 27 人。

人才缘于教育。大关县城居民多来自外省，他们或随军入籍、移民垦屯，或入仕定居、经商落户，随之带来了各地的文化理念，汇聚到一起便形成对文化崇尚、对知识追求的奋发上进之风。尽管本地没有高层次的学校教育，但借助“五尺道”的通达，上至昭通、昆明，下至宜宾、重庆，人们想方设法也要让孩子得到深造。大关人勤劳朴实、奋发上进的品质，在幼童身上传递扎根，当他们的视野得到拓展，受到良好的教育，很多学子便学业有成，为国家建功立业。

百年老校笔山小学　清光绪二十九年（1903 年）停科举之试，全国改办学堂，大关首开新学之风。学堂一改过去仅开

设经学、术数的教学模式，增设新课程，为学生拓开了一片广阔的天地，大关教育呈现男女校并存的局面。

1905 年，县厅同知彭汝萧就原设的科举考棚略加修葺，兴办大关高等小学堂，延聘新潮教员，任用地方国学名家事教，开设国文、算术、历史、地理、格致、体育、修身等课程。统一采用国定本语体文教科书，设劝学委员会对全县小学实施管理，县城书院、讲舍冷落下来。

1909 年，学堂增设初级部，实行“四二两部”制，称笔山两级小学；1922 年改称郁文小学，有浓郁关河教育文化之意。1940 年，崇实女校撤销，女生并入，郁文小学成为男女生合校，更名大关笔山镇小学。1980 年定名大关县笔山小学，隶属县教育局。1985 年，学校被省教育厅定为示范学校，实施新课程改革，进行教材教法实验。学校坚持依法治校，以章治教，立德育人，造就多位名师和市、县级骨干教师，教学质量在全县小学中遥遥领先。

敢为人先游孟庄 旧式教育基本上排除了女生的受教权益。自古以来，若干成才女性，大多出自家教。大关县城颇有名望的才女游孟庄（字卧云，旧本《大关县志·人物志》的主撰人），其学识源于家庭熏沐。她痛恨封建男尊女卑制，有志于妇女解放事业，立志终身不嫁，常以男装面世，活跃于大关教育文化界，人以“先生”称之。

清末，先生拥戴孙中山先生的革命主张，力倡兴办女学，让女孩有求学机会，开县城移风易俗先河。

民国初年，经先生号呼奔走，得县厅允诺，将嘉庆年间洗马溪彝家禄氏土目捐作府署的两重四合院房舍作为校址，开办女子初级小学，名为崇实女校，有推崇孙中山先生所倡实业救国之意。先生出任校长，延地方名士授课，要求女生剪长发、不缠足。先生有《七绝》自励：“光阴浪掷自无成，老大徒伤戒后生。诲汝谆谆须勤奋，从来治学贵专精。”表达了她对后生的殷殷情怀。

1940 年，崇庆女校并入笔山小学。孟庄先生执教 30 余年，执着坚守，辛勤耕耘，呕心沥血，民国年间县城初具文化的女性，多有母女均受教于先生者，是以后晚称其为“太老师”，以示尊崇。女校送出的学

生，很多都赴外地考入高一级学校深造，即以民国年间就读省女子师范学校的几十名女性，都出自先生门下。崇实女校在大关教育史上写下了浓墨重彩的页章。

银杏树下的腾飞梦 大关县第一中学校园正中央耸立着两株已历280余年的银杏树，雄树伟岸挺拔，参天而立；雌树屈曲多姿，秋果压枝。两株老树不仅见证了大关一中由创始而起步腾飞的历程，更是县一中若干代人的精神象征。

这里是清代“改土归流”后，随县城兴建而建起的文庙旧地。文庙祀孔，是尚儒倡文、崇尚教化的标记。孔子讲学之地称杏坛，以其地多植杏树，寓春华秋实、桃李天下之意。县厅建文庙，即植银杏于大成殿前，而今旧舍不存，唯银杏树蓊郁碧翠、蓬勃生机。银杏树下，新楼矗立，迎来送往，一代代师生像接力赛似的传递着教育腾飞梦。

大关一中

1937年，省立大关县简易师范学校就其地办学。1939年，在简师基础上改办县立初级中学。1961年，学校增设高中部成为完全中学，称大关县第一中学。从1943年正式办中学班起，80来年风雨兼程，县一中为国家输送初、高中学生近3万人，不少学子走出国门深造，许多学生获硕士、博士学位，众多学生成为各行各业的领军人物或中坚骨干。

银杏树伴文庙而生，银杏树伴一中成长。当年，在极其简陋的条件下办学，师生们心系祖国事业，无怨无悔；虽经历曲折与坎坷，师生们抱定腾飞之志，耕耘杏坛。80年劈波斩浪，几代人披荆斩棘，学校由当年学生百余人、教师5人发展到今天学生4300余人、教师220余人；从当年占地不过10亩，仅有破旧土木层舍，到今天占地60余亩，新建校舍3万余平方米的规模；拥有一级一类理化生实验设备、学生用计算机200余台、图书馆藏书5.8万册、教室电子白板全覆盖等现代化教学设施，师生们在银杏树下迈开教育振兴步伐，共铸教育腾飞梦。

银杏树下，以挺拔向上、自强不息精神为主体的银杏文化浓郁而生动，激励全校师生奋发而为。历年的中考成绩名列全市前茅，2005年，3名考生囊括了全市5万余考生的前三名；2008年，全县前10名中，一中占有7名，前50名中，一中有31人；2011年，全县前50名，一中有21人；2014年，1名考生名列全市第6名。高考成绩逐年递升，每年送出一、二本学生多达四五百人，录取率在80%以上。

从银杏树下走出的众多学子卓有成就，有北京大学天文系主任刘富坤、重庆师范大学博士生院院长马燕等高校著名学者；有享受国务院特殊津贴、获五一劳动奖章的特级教师吴探林及众多受国家级、省级表彰的教师群；有郭玉鉴、傅永祥等本土作家，王孝林、杨碧薇、罗昌华、贺燕等已有名气的散文家、诗人；有名闻省内外的摄影家杨光、周元江等；有雄踞一方带动万众创业的企业家们……他们为祖国建设增光，也为母校添彩。

如今的校园，腾飞广场向学子们发出召唤；孔子广场的孔子圣像用慈祥的目光勉励师生奋进。银杏树已不是仅仅两株，新植的众多银杏树凸显校园精神。耕耘楼前悬挂的对联“杏坛鼻祖名寰宇，曲水流觞唱永和”，是对大关教育人不懈追求精神的概括。

渐趋繁荣的大关文艺

近年来，大关涌现了一批关注现实、用心感悟、志存高远、潜心创作的作家、艺术家和作品。

旱船表演

近年来，大关涌现了一批关注现实、用心感悟、志存高远、潜心创作的作家、艺术家和作品。大关县委、县政府主编的《穿越历史》《战将罗占云》《罗占云将军》《明月万里照关山》及新版《大关县志》已出版发行，记录李、蓝农民起义历史的《屯上风云》已出版。本土作家郭玉鉴出版了长篇小说《越涧》，傅永祥出版了长篇小说《关河东去》，周元江出版了个人摄影专集《大关·大有可观》《大关·苗族文化大观》（云南美术出版社），罗昌华出版了小说、散文集，大关南社出版了“关河系列”诗文集。贺燕出版了诗歌专辑《蓝月亮红月亮》，徐梅菊编导的文艺作品多次在省、市获奖，王孝林散文专辑《关河记忆》已由云南人民出版社出版。一批优秀作者加入各级协会组织。大关籍作家郭子雄、王孝林、杨碧薇、刘金富加入省作协，周元江、王林、张贤斌分别加入省摄影家协会和书法家协会，一批文艺工作者加入市文艺协会。

2014 年 11 月，全县文艺工作座谈会召开。文联换届以来，加强对各文艺协会的领导和指导，督促帮助 6 个协会完

成正式登记手续，现有作家、书法、美术、音乐舞蹈戏剧、摄影 5 个协会，其中书法协会 34 人，美术协会 38 人，音乐舞蹈协会 33 人，摄影协会 39 人，作家协会 34 人，花灯协会 40 人，共计 200 余人。2015 年以来，给予每个协会活动经费一万元，各协会积极开展文艺活动，相继举办了纪念抗战 70 周年大型摄影展、书法展，书法进校园活动，“岁月流声”音乐晚会，“黄连河杯”全市书法展，“关河追梦”及“墨彩留痕”美术展等活动。各协会还多次开展义务写春联、文艺进机关和文艺下乡活动，极大地丰富了县

❶ 丰富多彩的文艺活动

❷ 苗族芦笙舞

城文化和群众文化生活。新媒体“微大关”也加大了对大关本土文艺家作品的宣传和推介，影响很大。

县内比较活跃的协会还有老年歌舞团和南学研究会等协会。南学研究会按季度定期出版文学刊物《大关南学》，现已出版50期。2017年5月，由“中国美·夕阳红”组委会主办的“2018春晚海选”在北京举行。大关县老年歌咏团花灯协会的《大关颂》荣获“荣誉金奖”。参加本次海选的全国中老年文艺团队多达50多个，人员1500多人，文艺节目76个。花灯歌舞《大关颂》是参加海选76个节目中唯一的一个花灯歌舞。此外，由大关县坤永舞蹈培训中心选编舞蹈《山娃闹春》，在全省500余个选送节目中脱颖而出，喜获云南昆明参加“艾丽丝2016年云南少年儿童春节电视联欢晚会”金奖。

农村文艺队

风趣幽默的打鼓草山歌

ZHAOTONG

打鼓草山歌作为一种曾经普遍流传的民间曲艺形式，通常是盛夏时节，劳动群众在田间地头薅草时演唱的一种曲艺形式。大家在演唱中，也会即兴编些歌来相互开开玩笑，有些玩笑甚至明显地属于“荤”段子，生活场景十分浓厚。

在20世纪80年代前，大关境内的木杆、高桥、吉利、寿山的一些乡村，曾经流传着一种与生产劳动紧密结合、寓教于乐的打鼓草山歌。据资料考证，打鼓草山歌是祖辈们很久以前“湖广填四川”时从楚地逐步传入金沙江、横江及关河流域，融合了川滇文化而形成一种特殊的民间曲艺形式。打鼓草的歌词和曲调具有明显的区别，演唱时很多字的发音方法还延续着楚地的风格，有一种特殊的韵味。这种一鼓作气、劳逸结合，用汗水浸泡出的打鼓草山歌一直大关留存。

打鼓草山歌作为一种曾经普遍流传的民间曲艺形式，通常是盛夏时节，劳动群众在田间地头薅草时演唱的一种曲艺形式。它起着协调动作、鼓舞干劲，指挥劳动、娱乐身心的作用。通常由一个“打鼓匠”站在薅草的群众前面，一边打鼓一边领唱，鼓声根据每一首歌词内容的不同来反映其节奏，但不管如何变化，鼓声都有一个共同特点，就是鼓点明快、节奏铿锵，便于指挥动作及节律。而其他的劳动者既是被指挥者，又是山歌的合唱者，他们在鼓点的催促下鼓足干劲、齐心协力而劳作。一些曲调只需一

人领唱，众人应和，具有明显音乐装饰效果的尾音，有些曲调则需要他们轮唱，以此完成山歌反复吟唱而抒发浓烈情感的特殊效果。

打鼓匠一般由男性充当，有一定的指挥能力，这里的指挥能力不仅指音乐指挥能力，还包括指挥众人劳动的能力。在鼓声的催促下，劳动者们总是你追我赶地向前推进，如果哪个人落后或者存心偷懒，打鼓匠就会专门在他后面打鼓催促，使其赶快追上队伍。如果效果不佳，打鼓匠还会即兴唱歌来奚落或者讽刺。如：

赶紧薅来赶紧薅，不要伸起蚂蟥腰。
别人看到不顺眼，主人看到好心焦。

打鼓匠又类似于监工，所以他与其他劳动者的关系很微妙。他既善于协调，又幽默风趣，还要有一定的生产知识和文化知识，不然那些脱口而出、朗朗上口，与大家生活紧密联系的歌词就编不出来，同时还要有威信服众，大家才听他的指挥。有时打鼓匠唱歌来奚落大家，大家也会一起想方设法编些歌来回击。比如“鼓儿两股索，套到儿脑壳，清早就套起，天黑才甩脱”。诸如此类的歌词就是明显地奚落打鼓匠的。在农村里，叔嫂之间，表兄表弟与表嫂之间是允许开玩笑的，大家在演唱中，也会即兴编些歌来相互开开玩笑，有些玩笑甚至明显地属于“荤”段子，生活场景十分浓厚。通过以歌促兴，使大家从繁重的体力劳动中轻松愉快起来。

打鼓草山歌作为一种在民间流传的民歌，首先是因为其歌的音乐是在田间集体劳动的特定场合形成的。大关县木杆、吉利、寿山、高桥等地的打鼓草山歌它的调子很多。通常有长短调、四平调、弯弯调、白花调等；演唱形式按早、午、晚饭和歇气的固定模式进行。因为打鼓草山歌来自山间乡民所创，歌词多是采用七言或者五言形式的半格律化民歌体，偶尔间杂言于其中，形成参差句式，语言上都讲究押韵和谐，朗朗上口，而且反映的生活内容非常广泛，涉及生活中的方方面面。其内容有天文地理、历史风俗、人情世故、婚丧嫁娶，具知识性和趣味性。

反映季节变化以及相应民俗民风的内容在打鼓草山歌里也就占了很大的比例。时光是由天、月、年这样的单位计算而来的，而这些时间单位在山歌里也成为民间故事的主要素材，所以很多山歌都以一天之内的 12 个时辰、一个月的每一天或一年的 12 个月的变化来组织材料进行歌唱。比如对于一天里时间的变化以及与之相关的生活内容的描绘在一支叫《五更鸡翅》的曲子里就叙述得相当细致，它对了解旧时代的女性早上起床穿戴的过程及内容都具有研究的价值。同时对女性心理的描绘也很有文学性。如：

龙尾金鸡把翅摇，娇儿睡得好逍遥。
摸娇一把娇不醒，娇儿得了瞌睡痨。
一更金鸡叫排排，娇儿房中才起来。
身上穿件红花袄，脚下穿双绣花鞋。
二更金鸡叫咯咯，娇儿房中包裹脚。

左脚靠在右脚上，娇儿包个尖尖脚。
三更鸡叫直点头，娇儿房中巧梳头。
左梳右绾龙盘踞，右梳左绾茶花楼。
盘龙踞来茶花楼，梳个燕尾吊后头。
四更鸡鸣叫喳喳，娇儿房中巧戴花。
左边戴片灵芝草，右边戴朵牡丹花。
清早起来把门开，一股凉风吹进来。
这股凉风吹得怪，恰恰吹进奴心怀。
清早门前雾沉沉，望见树桩像个人。
抱着树桩亲个嘴，过后想起好笑人。
走进院子去喂鸡，口含白米哭兮兮。
问你公鸡哭啥子，一瓢开水烫毛衣。
清晨早起去放牛，口含青草眼泪流。
问你牛儿哭啥子，犁头耙子在后头。

大关民间打鼓草

对一个月里，以“天”为单位的时间，也构成了打鼓草山歌的一种歌唱方式，他们这样一天天地累计起来反复不断地歌唱，尽情抒发委婉细致的感情，或者是爱情或者是悲情。下面这首《望郎歌》就顺着初一、初二、初三……的时间顺序细腻地抒发了一个年轻男子在得病去世的过程中，妻子如何尽心照顾他以及死后丧事的办理过程。由此从《望郎歌》的内容看出，其真实反映出民间的丧葬习俗和生死离别之情。如：

初一早上去望郎，问声郎君可安康。
积劳成疾身患病，迫使郎君躺牙床。
双手把郎来扶起，手忙脚乱心好慌。
白天行动难迈步，晚间侧卧好凄凉。
初二早上去问郎，郎君病躺在牙床。
双手推开红罗帐，问声郎君凉不凉。

东方求药药不灵，西方问神神不张。
药不听来神不灵，害得奴家好心伤。
初三早上去问郎，问声郎君吃哪样。
山珍美味郎不想，只想白米来熬汤。
前门走到后门转，奴家淘米熬汤忙。
白饭不吃喝口汤，免得奴家费心肠。
初四早上去问郎，问声郎君吃哪样。
山珍美味郎不想，只想山鸡来熬汤。
手拿火枪上山去，左山走到右山岗。
打只山鸡回家转，免得奴家费心肠。
蒿枝关了门，路上无人行。
要得人行路，鬼都打死人。
岩上一根藤，藤上吊铜铃。
风吹铜铃响，惊动一弯人。
铜铃响，响铜铃，放下花鼓转回程。

打鼓草山歌的内容很多，它紧密联系当地人民的生活情景进行歌唱。比如一首叫《宋子皇帝坐北京》的曲子，一开头用比兴手法来唱的，从“烟”自然地过渡到“五谷”“衣襟”然后切入歌唱的主题到与人们生活紧紧相连的“酒”。如：

宋子皇帝坐北京，一十二岁把烟兴。
打鼓就从唐朝起，吃烟就从宋朝兴。
神农皇帝治五谷，轩辕黄帝治衣襟。
黄狗仙犬带种子，保佑凡间世上人。
糠米拿来煮醇酒，白米拿来把饭蒸。
正月二月忙撒种，三月四月开秧门。
五月六月谷扬花，七月八月收庄稼。
村子门前开磨坊，吾家房后开碾坊。

南京请过玲珑女，北京请过巧姑娘。
不用挑花和绣朵，打个糍粑给你尝。
香甜米酒赛杜康，杜康造酒有良方。
杜康造下神仙酒，美酒香飘十里庄。

打鼓草山歌和所有民歌一样，还有一个共同的主题就是歌唱爱情，其中有很多表现男女青年相恋、相思的炽烈情歌。这些情歌具有山野乡村的淳朴幽默，又有年轻人的热情浪漫。比如：

思茅草儿开白花，闲来无事会冤家。
我朝冤家门前过，关门闭户不在家。
捡颗彩石门上画，门上画起二朵花。
左边画的灵芝草，右边画的牡丹花。
冤家开门抬头看，门的两边都是花。
此花不是别人画，定是情哥会冤家。
一不东家去喝酒，二不西家去喝茶。
门神老倌二菩萨，何不给我留在家。
不看门神神道大，两爪撕来甩球它。
门神出在山神庙，三十晚上到你家。

《说起探花好伤情》：

傍晚出门夜降临，说起探花好伤情。
探花小郎情难断，半夜三更路上行。
前面野兽一大群，后面鬼火亮晶晶。
情哥忙把咒语念，吓得鬼火不见影。
三步并作两步走，不觉走到大朝门。
腰中取出刀一把，撬开娇儿两扇门。

大关民间打鼓草

轻轻摸着门闩响，娇儿房中骂几声。
哪里来的漂流子，深夜骚扰奴家人。
小情妹来房中人，你在房中听分明。
一来不是漂流子，二来不扰奴家人。
我是对面王书生，说起探花就起身。
披星戴月就走起，走到冤家关了门。
小情哥来门外人，你在门外听分明。
奴家爹妈管得紧，奴的丈夫已成人。
房内地下撒灰尘，罗纹帐竿拴铜铃。
上床又怕铜铃响，下床又怕留脚印。
小情妹来房中人，你在房中听分明。
不怕爹妈管得紧，不怕丈夫已成人。
房屋地下放木板，四两棉花绑铜铃。
上床不怕铜铃响，下床不怕留脚印。
小情哥来门外人，你在门外听分明。
我是河中波浪水，哪个敢在滩上行。
小情妹来房中人，你在房中听分明。
这些礼物我办到，花钱不过二两银。
天上明月是镜子，云中桫椤伞一根。
老龙皮子麻四两，鲤鱼抽筋线半斤。
王母娘娘做媒证，金童玉女我二人。

大关民间花灯舞

ZHAOTONG

随着历史的发展前进和时代的变更，曾经广传于民间、扎根于民众之中深受百姓欢迎的大关灯舞文化已逐渐失传。

民间火龙

大关县境内的民间灯舞文化丰富多彩。史料记载，大关灯舞文化清光绪时期就很盛行。每年新春时节，大关境内的群众都要开展耍灯和唱灯活动，随着历史的发展前进和时代的变更，曾经广传于民间，扎根于民众之中的灯舞文化已逐渐失传。

大关境内的灯有五种："龙灯""狮灯""牛灯""花灯"和"车灯"五种。当地人在前三种"灯"前，均冠以"耍"字，即"舞"意称之。如称"龙灯"为"耍龙灯"。又在后两种"灯"前冠以"唱"字相配，如称"花灯"为"唱花灯"。

"龙灯"也称作"玉竹灯"。相传玉竹灯本是如来佛的一根手拐，因长年跟随如来佛，后得道成仙，受封，管五瘟。从此，人间为了减少瘟疫，每年正月为其塑身，受人间香火，要龙灯至元宵节晚上，立即送往河边火化，称为"送飞升天"，或送庙宇供奉。火化龙灯有固定的场所，大关县城从正月十五要完龙灯后，都要把龙灯骨架送到关河的化龙桥火化。

"龙灯"由龙头、龙节子、龙尾和龙皮四部分组成。龙头

龙尾各成一节，龙节子可三、五、七、九节不等。耍龙灯时，灯的前后要有鱼、龟、虾、蚌、蟹、蛤等牌灯相舞相伴，象征“鱼兵虾将”前呼后拥。

大关的“龙灯”有三种：“火龙”“小精龙”“草龙”。“火龙”就是平常所称的“龙灯”，定在夜晚起舞，多为七节以上，长为20米至30米，每人舞一节。龙头前有一圆宝引路，元宝与龙口相距一米远。“火龙”起舞时以“大刀花”为主，龙头领舞，龙节龙尾跟随摆动。起舞后，需若干彩花不断燃射龙身（地方叫作“烧花”），还用彩炮助威。彩花彩炮时明时暗，龙身里的硫黄捻子越舞越亮，如龙腾翻滚，非常壮观。

“小精龙”一般在白天舞耍。不用元宝，龙口含一金瓜象征龙宝，头尾共为五节，长为10米至15米，直径20厘米至25厘米。起舞时，由一人舞龙头，其余两人一手舞一节，其动作除“大刀花”外，还有“黄龙缠腰”“黄龙钻洞”“黄龙洗澡”等舞法套路及动作名称，舞耍时由三人手持龙身站在一条长凳上进行。“小精龙”在民国年间由四川民间艺人马吉祥和马吉明弟兄二人迁至云南大关天星乡后，组织舞耍，因小巧玲珑而得名，在大关县境流传广泛。

“狮灯”表演，以杂耍和几种动作混合而成，是富有表演艺术乐趣的活动，不属纯狮舞。舞耍“狮灯”有沙和尚，猴子和狮子角色。猴子和狮子分别各两人合表演。演出程序有“滚地”“平台”“高台”。“滚地”指在平地上表演。“平台”指在一张大方桌上表演。“高台”是指在三张至七张大方桌相叠而成（二张至六张脚朝下相叠，最上面一张方桌脚朝天），由沙和尚带着猴子和狮子分别上下表演。

“牛灯”是山区农民秋冬农闲时节，以塑造耕牛形

❶民间草把龙

❷民间火龙

❷

象的一种娱乐活动。通过舞耍“牛灯”赞颂农民与牛的劳动生活乐趣。舞耍“牛灯”由一人扮牧童，两人扮耕牛，边舞边唱，唱腔唱词全属地方山歌一类。“牛灯”舞耍开始，只见一牧童头戴斗笠，身披蓑衣，脚穿草鞋，背着牛草，一手牵牛，一手持牛鞭。舞耍“牛灯”的人，把制作好的牛头顶在头上，双手把道具篾撮口封好，身子前躬90度角，耍牛尾的人也前躬90度角，藏于道具下，扶住前人的腰，舞动时将草把上下左右摇摆。

“牛灯”的舞蹈动作模拟牛的生活形态，表现粗犷，简单易学。表演动作有用嘴搔全身有关部位，低头吃草，用牛尾驱赶身上的蚊虫，或卧，或滚，从牧童背篓里抢草吃，或用角顶撞牧童及观众，嬉戏取闹等。表演中以各种滚、卧姿势为高技。牧童的动作灵活机动，与“牛”相互配合，随机应变，表演逼真，活泼滑稽，其乐无穷，深受劳动群众的欢迎。

❶

❷

“花灯”和“车灯”边舞边唱边说，民间称为“唱花灯”和“唱车灯”。在新春佳节或民间传统节日里，地方农民自愿组织“花灯”和“车灯”庆贺节日。“花灯”的表演角色有一旦一生一丑或一旦两丑。扮演旦角属男扮女装，称“花姑娘”。扮演生丑角色的称之“逗打”。

演出开始时，旦角双手执手帕，缓步上场，只跳不唱。生、丑扮演者手持花扇唱，伴唱者与演唱者相互应和，伴唱者有两种，一种是带“连抢”队，“花灯”与“连抢”轮换演出并相互伴唱。另一种是由打击乐队担任伴唱。唱词有固定的和即兴创作两种。固定的唱词多是民间流行的小调，如“祝英台”“十想歌”“柳荫记”“槐荫记”和地方山歌等。即兴创作的唱词曲调与“龙灯”韵白内容相似。

“车灯”表演说唱时，以一“车”为标志。“车”像一四角亭，系竹篾编扎而成。“车”下半截前面扎一双女人小腿，穿条红裤子，一双小脚穿双红绣花鞋。“车”的两侧用纸裱糊，画上车轮，后面设置开关。“车灯”表演角色有一旦一生一丑，旦角是“坐车”的，生、丑角是“逗灯”的。“车灯”演出时，旦角在“车内”，两手下垂提着“车”，这样，给人的感觉是坐在“车”上的。“车灯”旦角是个风流人物，表演中有一些卖俏动作，还和“逗灯”生、丑角对唱对问，比“花灯”更显乐趣活跃。

❶ 苗族芦笙舞（省级非遗名录）

❷ 民间牛灯

行走在大山里的“背篼图书馆”

ZHAOTONG

大关“背篼图书馆”这一别出心裁的送文化进入贫困小山村行动，引起了社会强烈共鸣，中央电视台、新华网、人民日报海外版、中国文化报、中国妇女报、中国传媒、半月谈等媒体纷纷对“背篼图书馆”事迹报道和转载。

背篼，一种传承了数千年的普通农耕工具，装载着农村几千年的汗水、足迹和梦想。对于我们在大山里长大的孩子，背篼里所盛装的是整个童年的快乐。来看，几名平凡的文化工作者，却赋予了它更加深刻的内涵和使命，“背篼图书馆”是你在云南昭通大关才能看到的独特风景。

“小朋友们，快过来看课外书，这些书都是送给你们的。”在云南省昭通市大关县悦乐镇新寨村海坝村民小组，大关县图书馆馆长常绍慧亲切地招呼着一群身着苗族服饰的孩子。孩子们一开始还怯生生的，在图书馆工作人员的热情鼓励下，他们逐渐围拢过来，捧起漫画、科普读物和作文书，专注地读起来。这里只有 26 户人家，共 103 人，全部为苗族，其中适龄儿童 22 人。这里的最低海拔为 1800 米，因山高坡陡，至今未通公路。当地的生活条件非常艰苦，大部分村民至今仍住的是俗称“千脚落地”的“杈杈房”。日常生活用品需要村民步行一整天，到 32 公里外的黄葛乡购买，孩子上学要到离家 21 公里外的村完小。在这里看书难、看戏难，文化生活十分匮乏。

近年来，国家为贫困县配送了流动图书服务车，图书馆的工作人员早出晚归，把精神食粮送到了千家万户。常绍慧发现，大山中还有个别村子不通公路，山势陡峻，羊肠小道连马儿也很难前行。山里的群众如何获得精神食粮？看着老乡们进山出山背粮盛物的背篼有了主意。她和同事们商量用背篼把书背到村里去，给老乡们建个“背篼图书馆”。经过紧张的筹备，大家带着精选的《中国漫画》《故事会》《十万个为什么》等300多册课外书，行到路穷处，即弃车走路，背上盛满书籍的背篼，往山上爬去。2017年6月4日，第一个“背篼图书馆”在大关县玉碗镇何家坡村建了起来。

大关背篼图书馆

为了确保贫困偏远山区群众和留守儿童享受文化惠民成果，大关县成立了工作领导组和“背篼图书馆”送书服务工作队，计划 2016 年完成上高桥乡大寨村、团结村留守儿童图书馆（室）建设和玉碗镇何家坡、悦乐镇保山和太阳坝村民小组“背篼图书馆”及留守儿童流动图书馆建设。每季度至少开展一次到各点巡回送书服务，开展教唱爱国歌曲一首至两首，组织留守儿童开展作文竞赛、游戏、演出、讲故事等活动。

一条用传统背篼承载文化的精准扶贫之路，正在大关县交通不便的村寨延伸。昭通有 11 个县区，其中 10 个是国家贫困县。全市像大关这样不通公路、只能人背马驮才能抵达的村子还有很多，要真正实现公共文化服务的标准化、均等化，打通公共文化服务最后一公里非常关键。结合大关“背篼图书馆”开展流动送书服务方式，昭通市将动员各县区学习借鉴、结合实际，创新方式、创造条件，为边远贫困山区特殊人群提供公共文化服务。

灿烂的大关民族文化

ZHAOTONG

大关历史悠久，文化底蕴丰厚，居住着汉、苗、彝、回、白、壮等16种民族。民族文化是各民族在其历史发展过程中创造和发展起来的具有本民族特点的文化。包括物质文化和精神文化。饮食、衣着、住宅、生产工具属于物质文化的内容；语言、文字、文学、科学、艺术、哲学、宗教、风俗、节日和传统等属于精神文化的内容。民族文化反映该民族历史发展的水平，也是本民族赖以生存发展的文化根基所在。

芦笙制艺传承人王杰锋

当你漫步大关县城，步行到县文化馆时，一楼一门市挂有“苗族芦笙制艺传承馆”字样，除了周末，有一位苗族老人，每天都在馆里专注地制作着芦笙。他就是首批国家级非物质文化遗产保护名录《苗族芦笙制作技艺》代表性传承人王杰锋。

王杰锋 1960 年生于大关县天星镇中心村黄连社，19 岁开始跟随父亲学做芦笙，熟练掌握了芦笙的整套制作工序和流程，成为芦笙制作技艺第五代传人。经过多年的摸索，王杰锋在继承传统技艺的基础上加以改进，对簧片和发音管距的长短与定调的关系做了反复的试验，用手风琴、电子琴校音，同时在传统芦笙使用的黄铜锻制中加入适当比例的铅，使锻制出的簧片增加了弹性与韧性。所以他制作的芦笙和传统芦笙相比，声音更响亮、清晰，音调也较准确。他做的芦笙小至 30 厘米，大至 100 厘米多，也可根据用户的要求制作 8 管或 10 管芦笙，工艺精良，造型美观。

国家级苗族芦笙制作技艺非遗证书

王杰锋被授予国家级芦笙制作技艺传承人

1992年在昆明举办的“中国第三届艺术节”开幕式游演中，苗族表演队所用的100把芦笙都出自他之手。王杰锋的芦笙制作技艺名扬云贵川三省的20多个市、县、区，20多年来已卖出芦笙4000余把，有的还流入海外。近5年来，收徒培训50余人，被当地群众称为“芦笙世家”。

到目前为止，大关县非物质文化遗产项目已列入国家级保护项目1个（苗族芦笙制作技艺）、云南省省级保护项目5个（苗族芦笙制作技艺、端公戏、苗族花山节、苗族芦笙舞、苗族射弩）、市级保护项目4个（芦笙调、打鼓草、纺织、竹编竹艺），国家级传承人一人，省级代表传承人3人，市级传承人2人，在昭通市11个县区中名列首位。

大关苗族芦笙制作技艺主要流传于该县的天星、木杆、高桥、翠华、上高桥、寿山、悦乐等乡镇的苗族村寨。最有代表性的就在天星中心村地白房子村民小组，该村王杰锋便是芦笙制作的高手，他是王氏家族芦笙制作的第五代传人，目前已被命名为国家级非物质文化遗产苗族芦笙制作技艺代表性传承人。他制作的芦笙技艺精湛，造型美观，远销北京、上海、安徽、四川、贵州、云南等省区市，少量的芦笙还远销美国等海外。

连环画达人朱德华

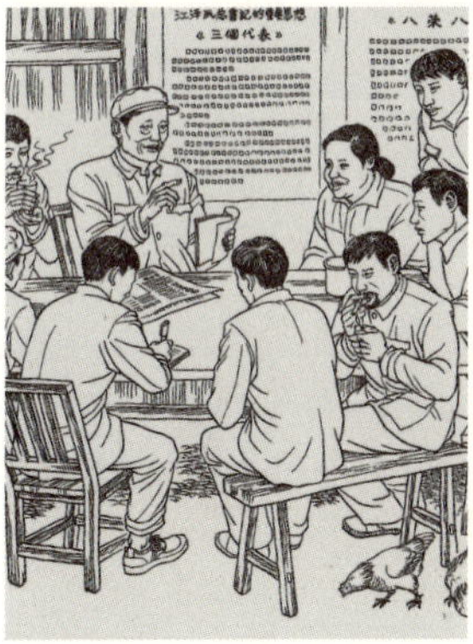

看到这个标题，你想都不用想就知道是个热衷画画的故事。我们先不说人，先看看他的连环画内容：一生乐于助人、勤于奉献的康富明；感动数万网友拼死护公款与歹徒搏斗牺牲的刘远芬；见义勇为的“铁军骄子”徐洪刚……看着这些俗称“小人书”的连环画，出生在20世纪六七十年代的你是不是有了童年的记忆。不错，昭通大关就有一位深受童年“小人书”影响，用连环画把昭通本土人物展示出来的业余创作者朱德华。

朱德华是大关县委宣传部的一名职工，1965年7月出生于大关县木杆镇漂坝村鱼塘苗寨。自幼酷爱绘画，受童年时代的“小人书”影响，对连环画创作无限痴迷。在连环画极度不景气的当下，朱德华仍然痴迷其中、将连环画进行到底，延续着青春的记忆。

朱德华小时候特别喜欢看“小人书”，闲时在看，上课时躲着老师在课桌抽屉里也在看，就是回家放羊时跟在羊群屁股后面还要看。“小人书”看多了，他

就情不自禁地学着画了起来。那时候别说是有老师教，就连画画的纸都有不起，都是在用过的作业本背面、课本的空白处小小的涂鸦一幅。偶尔也很奢侈地用 8 分钱一张的白纸作画。但是不敢用力或者反复多画几笔，因为纸太薄，生怕弄破掉。朱德华读小学和初中时的绘画练习稿，翻开一页页泛黄且薄如蝉翼的稿子，仿佛看到一个苗家少年在认真地勾勒着一个美丽的梦。那时朱德华初中毕业后在家放羊，他并没有放弃画画，常常带着小本子跟在羊群后面画羊、画山、画水、画树，见到什么就画什么。这或许就是朱德华的连环画作品中画面生动、造型逼真的原因之一。朱德华的连环画脚本大部分题材来源于文学作品，他喜欢读书，只要是内容健康的，各类书籍都在看。比如看到某篇喜欢的小说，小说里描写的场景仿佛就在眼前浮现，于是将其改编成连环画脚本画了起来。有时他也尝试着原创一些小故事进行绘画。

2007 年，因为爱好绘画又是苗族的原因，云南民族出版社找到朱德华请他为楚雄州的《苗文双语教学试用课本》一书绘制课本插图，后又为昭通市纪委编写的《漫话廉政准则》一书绘制插图 50 余幅，为大关烈士陵园、扎西纪念馆设计创作了精美的浮雕作品。近年来他创作的连环画《乌蒙回旋战》《见义勇为刘远芬》《优秀共产党员康富明》等作品，深受读者好评。

端公戏　大关傩戏又称端公戏，历史悠久。清康熙六年（1667 年）大关县吉利镇鱼田村曹家寨的曹文广在编剧和演出中，把地方民间小调、川剧音乐、民间武术和杂技等表演技巧融入其中，形成融演、唱、说、跳、打为一体的地方特色剧种，受到当地百姓的喜爱。曹相和传承了曹氏端公戏的精华，被列入云南省省级民间艺术传承人。

刘远芬事迹

苗族花山节开幕式

苗族花山节　悠扬芦笙舞

苗族是我国古老的民族之一。大关境内的苗族勤劳勇敢，能歌善舞，喜欢吹芦笙。每逢佳节，粮食丰收，说媒提亲，传唱讲述史事，或是丧祭活动等，都要用芦笙曲舞来表达自己的思想感情，芦笙成为苗族人民日常生活中不可或缺的重要组成部分。

芦笙是一种古老的簧管偶合振动乐器，在苗族群众中有着较高的地位，是苗族的民族象征。它能诉说苗族人民千百年的苦难历史，充分表达苗族人民的喜、怒、哀、乐。在苗疆遭受战乱的苦难岁月里，苗族人民用它来鼓舞战斗意志而成为民族的魂，被誉为是一种“会说话的乐器”。

关于芦笙，在苗族人民迁徙的过程中有许多动人的故事广为传颂。大关县域的苗族属“三苗后裔”，据史料考证他们原居住在长江中游和黄河的平原地带。由于多年战乱，被迫迁徙贵州、云南的高山丛林之中。有一首广泛流传在苗族人民中的古歌《跋山涉水》，给我们描绘了苗族迁徙的历史。它反映苗族人民在迁徙的艰苦历程中，克服了“西方万重山，山峰顶着天”的崇山峻岭的阻拦，战胜重重困难，终于找到安身的地方。又如广为流传的芦笙舞曲《探路曲》中，芦笙师吹响芦笙驱赶毒蛇和野兽，迈着两步一回首的舞步，

❶ 苗族花山节迎宾仪式

❷ 苗族花山节开幕式

❸ 苗族芦笙舞

表现出带领苗族群众在茂密丛林中行进的惨景。由于战乱，记载苗族历史的书籍全部被烧毁，苗族便失去了自己的史书。为了记住迁徙历史，苗族同胞就用会“说话”的芦笙，过一山吹一段，过一河吹一曲，用“芦笙语”记载迁徙的历史，传给后人。所以在苗族曾有“愿丢财物，不丢芦笙”之说。说明芦笙在苗族人民生活中占有重要的地位。

苗族人民创造了丰富多彩、风格独特的文化艺术，多以口传心授的方式进行传授。芦笙的传承宗旨是“前传后教”，传授的方式是“口传心记”。苗族芦笙曲调繁多，内涵丰富，吹奏起来声音悦耳

1 省级非遗苗族花山节

2 苗族芦笙舞

动听。凡吹芦笙曲，必有一套完整的舞蹈与之相配合，曲舞相融，连为一体，不可分割，形成了大关苗族独具特色的芦笙舞。芦笙舞是边吹边跳，动作较为复杂，并有高超的技巧，怀抱芦笙翻、立、滚、踢、跳、转……不论动作如何变幻，芦笙的吹奏声音都不能间断。

芦笙舞是苗族传统优秀文化的重要标志，其内涵包容着苗族社会发展历史及生活方式的全部。大关苗族芦笙舞不同场合有不同的内容，其表现形式有以下方面：

一是娱乐类。娱乐类的芦笙曲较为丰富。丰收时节要吹《庆丰曲》，展示苗族人民付出辛劳，获得丰收。特别是一年一度的“花山节”更是热闹，苗族群众身穿节日盛装聚集场上，开场时向宾客敬酒，并有芦笙吹奏的《敬酒舞》相伴。敬完酒后表演芦笙舞，男女青年边吹边跳，有时由两人吹芦笙对跳，有时是众人围圈，由芦笙师领头，男女老少跟随在后，向逆时针方向踏节起舞。“花山节”表演的芦笙舞多姿多彩，有《冲天舞》《雄鸡舞》《探路曲》《跛脚芦笙》等数十种，动作难度大，有丰富的表演性。吹奏者时而蹲地旋转，时而头脚着地侧旋，时而起身腾跃，有脚逗脚、肩逗肩及追、踢、躲、让

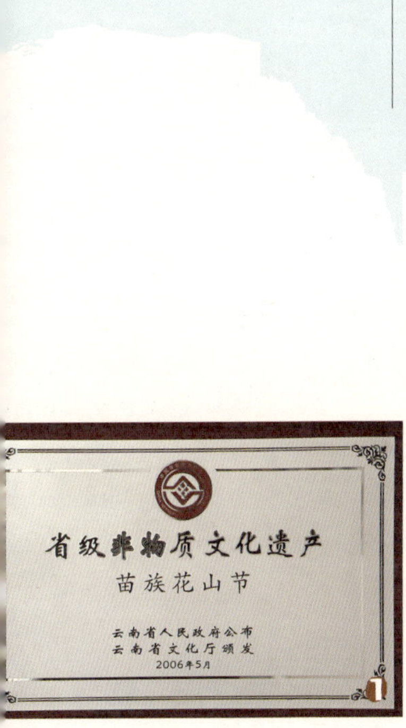

1

2

等模仿动物的动作，有表现骑马射弩作战的动作。这些芦笙舞大都反映苗族迁徙的历史。

二是祭祀类。其内容包含丧葬活动和祭祖活动。丧葬活动主要用于老人去世举办丧事。办理丧事中，芦笙曲要贯穿于整个活动的始终，丧葬的当天早上要吹《天亮曲》，表示丧葬仪程开始。接着吹《早饭曲》，表示招来死者灵魂吃了早饭好上路，同时也邀请前来吊丧的亲朋好友共进早饭。从《天亮曲》吹响以后，芦笙曲不能停止，吹奏者要在停放死者棺木周围吹跳《引路曲》，将死者灵魂引到迁徙来的路上，让死者顺着迁徙而来的路回到苗家的发源地。抬送棺木时要吹奏《送别曲》，此曲一响，不论男女老少都会失声痛哭，直到送葬完毕。在祭祖活动的芦笙舞中，其动作有表现战争时的进攻、突围、转移等内容，用以祭奠为战争和迁徙途中牺牲的

祖先。吹奏者用头部和脚尖同时落地，背部向上，身子成弯弓形，芦笙紧贴腹部，连续翻滚，表现在迁徙中过黄河、长江时亲人被水淹死的惨景。

大关苗族芦笙舞与曲的共同结合，通过苗族独有的文化形式，展示其内涵和“会说话”的奥妙，展示出苗族人民所走过的艰苦历程，讲述昨天，描绘今天，为苗族人民未来的发展起到激励作用，成为大关民间文化的艺术奇葩。

火舞盛世　醉美大关

彝族是我国民族大家庭中具有悠久历史和古老文化的民族之一。在大关这片热土上，世代土著彝民拓荒、创业，为今天的社会进步和发展付出了艰辛的劳动，做出了让历史不会忘记的贡献。大关县有 19 种民族，2010 年统计人口

281942 人，其中彝族 5124 人，占总人口的 1.82%。

彝族是一个崇拜火、龙、虎、鹰、山的民族。大关历史上曾是彝族的聚居地，由于战乱和明、清时“改土归流”，彝族区成了重灾区，特别是雍正初年的“米贴事件”后，清王朝三路大军进剿，彝民亡数万，逃数万，致使绥江、永善、盐津、大关、鲁甸部分以及四川雷波黄琅等地十室九空，血染千野，尸骨成堆。为逃避追剿，为了生存的彝民就不敢穿戴自己的民族服饰，也不敢说自己的民族语言。直到中华人民共和国成立后，有了民族平等、团结，大关彝族才逐渐恢复了民族服饰和语言。

服饰是一个民族的文化符号。服饰的图案被称为“研究民族历史文化的活化石”，是“穿在身上的书”。彝族服饰类型多样，色彩以黑、红、黄三色为主，美丽大方、热情奔放，在世界服饰中独树一帜。彝族文字，独具一格，是我国古代劳动人民创造的一种表音文字，它是世界三大古文字之一。彝族统一文字的时间应在古蜀国建立前后，至少在“六祖分支”（距今 3000 年左右）之前。但由于社会变革以及彝族群众多杂居于其他民族之中等诸多原因，在川、滇、黔的很多地方，彝民不再使用母语、文字，几近失传。

彝族是一个火的民族，因此也就有了火把节。火把节是彝区最隆重、最具浓郁特色民族的节日，是彝族人民的盛典，是彝族传统文化中象征性符号之一。火把节期间，彝族服饰文化、民族音乐、舞蹈、诗歌以及天文、宗教等文化要素得到充分展现，被世人誉为“中国民族风情第一节”。那迎着篝火的载歌载舞，也被人们称为“东方狂欢夜”。

火把节源于彝族先民对火的敬畏和对祖先崇拜的祭祀活动，火把节是彝族传统的仪式活动。彝族各支系的人民在火把节第一天要举行祭祖、祭火神的仪式。节日期间，彝民要穿着民族服装，尽情地展示彝族服饰。彝族服饰种类繁多，异彩纷呈。根据地域表现又具体分为凉山型、乌蒙山型、红河型、滇东南型、滇西型、楚雄型等，可以毫不夸张地说，火把节就是彝族服饰文化以及民族审美意识的集中体现。

彝族火把节期间，老人们讲述着本民族的民间传说，毕摩们演唱着

火把节

彰显彝族人民勤劳、勇敢、坚强不屈的民族精神的壮丽史诗，让《阿莫里若》《勒俄特依》《梅葛》《铜鼓王》等民族文学作品广为流传。

一般来说，火把节要活动三天时间。第一天迎火、祭火，彝语称为“都载”。事前，人们在老人们选定的地点搭建台，以传统方式击石取火点燃圣火，由毕摩诵经祭火，大人小孩都从毕摩手里接过用蒿草扎成的火把，游走于田边地角，以火驱虫。第二天传火，彝语叫作“都格”。人们聚集在祭台圣火下，主要有摔跤、赛马、跳月、跳脚、斗牛、斗鸡、斗羊、选美等，这些活动本身都是生产、生活知识的集中体现。活动中的歌曲内容、动作都是彝族人民长期积累起来的生产生活经验的集中表现。第三天送火，彝语为“都沙”。当夜幕降临时，各村各寨祭过火神，各家各户吃毕晚饭，便点燃火把，走到约定的地方，聚在一起，举行送火仪式，由毕摩念经祈祷火神，祈求祖先和菩萨，赐给子孙安康和幸福，赐给人间丰收和欢乐。

上高桥团结清真寺全貌

多彩的大关回民文化

大关县境内现有回族居民 6097 人，占全县总人口的 2.14%，主要分布在上高桥乡、悦乐镇、翠华镇、玉碗镇和县城等地。全县共有清真寺 11 个，坐落在上高桥乡 9 个，悦乐镇 2 个。

大关回民与全国穆斯林的信仰相同，坚守六大信仰，即信真主、信穆圣、信经典、信天使、信前定、信后世。回族全民信仰伊斯兰教，奉行和谐观念，宣扬正信、主张平等，倡导行善、禁止作恶，鼓励求知、反对愚昧，救助贫弱、尊重妇女，仁慈宽厚、克己恕人，遇事协商、团结友爱，温和谦逊、谨守中道等。

大关回民奉行三大节日，即开斋节、圣纪节、古尔邦节。节日期间，穆斯林举行会礼，热闹隆重。不论贫富、不论男女老幼都积极参加集体庆祝活动。

星期五是穆斯林的主麻，清真寺举行聚礼尊主拜圣、颂赞《古兰经》。

大关回民牢记《中华人民共和国宪法》关于保护公民信仰自由之规定，在进行宗教活动时牢记爱国爱教的原则，坚持贯彻落实党和国家的民族宗教政策，保障宗教活动正常进行，坚决反对和抵制邪教侵入。回民食用清真食品，大关的琦鑫牛肉制品极富特色，深受欢迎。

❶ 团结清真寺庆典活动

❷ 团结清真寺回民群众

圣纪节 圣纪节是回历三月十二日，既是圣人穆罕默德的诞辰，又是其逝世纪念日，因此又称“圣忌日”。这一节日庄严肃穆，受到穆斯林的普遍重视。这一天，穆斯林齐聚清真寺，听阿訇宣讲穆罕默德生平，敬诵《古兰经》并赞圣，仪式结束后设宴聚餐。

开斋节 开斋节又叫“大尔德节”，在斋月行将结束的回历十月初举行，这是一年一度的开斋会礼。这一天，穆斯林们个个沐浴洁净，装扮一新，到清真寺来参加这一盛大庆典会礼，并缴纳教义所规定的“费特勒”钱，做维修清真寺，散发给寺的阿訇、学生及贫困穆斯林之用。仪式由主持清真寺事务的“乡老”主持，有诵经宣讲教义和党的民族宗教政策，并举行“游坟”活动，以缅怀先辈，寄托哀思。

古尔邦节 开斋节后 70 天为古尔邦节，又叫“宰牲节”，也是麦加朝觐的日子。相传圣人易卜拉欣夜梦真主，命他宰杀儿子伊斯玛仪勒以考验他对真主的忠诚，当其子遵命俯首，易卜拉欣将要执行时，真主又命以羊代之。穆斯林以过宰牲节弘扬易卜拉欣父子为真主献身的精神，勉励教徒诚心信教，忠于真主，为教献身。

文脉相传　人杰地灵

大关历史悠久，人杰地灵。早在新时期时代就有人类的足迹。秦开“五尺道”贯穿全境、汉凿“石门道”沟通南北，成为南方丝绸之路的要途。在这片土地上，发生了撼天动地的历史事件。在这片土地上，产生了彪炳史册的历史人物，如著名文人张维翰、学界翘楚龚自知、抗日将领曾万钟、红色猛将罗占云等，举不胜举。

大关历史悠久，人杰地灵。早在新时期时代就有人类的足迹。秦开“五尺道”贯穿全境、汉凿“石门道”沟通南北，成为南方丝绸之路的要途。在这片土地上，发生了撼天动地的历史事件。如1858年在现在天星镇举行的李（永和）、蓝（朝鼎）农民起义，在中国近代农民起义史上写下了光辉的一页。又如对辛亥革命起先导作用的关河起义发生在1911年9月，是担任孙中山大元帅府特任特派员的大关人赵端领导的。在这片土地上，产生了彪炳史册的历史人物，如著名文人张维翰、学界翘楚龚自知、抗日将领曾万钟、红色猛将罗占云等，举不胜举。

吴良桐（1877—1938年），字子伯、梓伯，今昭通市大关县翠华镇人。清光绪丁酉（1897年）举人。历任四川云阳、新繁、江津知县，重庆警察局提调。1911年10月武昌起义爆发，吴在四川率先倡议反正。民国时，历任云南临（安）开（化）广（南）道观察使、云南高等检察厅厅长、省交通司长、财政厅厅长、省政府秘书长。后厌倦仕途，潜心治学，博览群书，工书法，尤其用心于中医学典籍收藏整理和中医药临床实践，卓有建树。1938年病故，终年61岁。有《馋饮园诗文稿》《子伯医案》等著作存世。

唐友耕（1839—1882年），字泽波（一说字宅坡），号帽顶，大关县翠华镇人，清朝将领。清咸丰八年（1858年）参加李永和、蓝朝鼎农民起义，任起义军先锋。次年11月在叙府（今宜宾）叛投清军，镇压李、蓝义军，升任清军参将和重庆镇总兵。同治二年（1863年）率兵围剿太平天国翼王石达开，于大渡河擒石解往成都，清政府授其云南总督，并赏黄马褂。光绪六年（1880年）署理四川提督。光绪八年（1882年）病死于成都提督衙署（今文化宫）。墓在抗日战争时期被毁。

曾万钟（1894—1968年），大关县悦乐乡人。云南陆军讲武堂毕业。北伐战争时，先后任国民革命军第三军第七师、九师、十二师师长，第三军代理军长。1935年4月9日授国民革命军陆军中将衔。1935年9月至1936年12月，任国民党西北“剿匪”总司令第一纵队代司令，参加围攻陕北红军。抗日战争时，先后任国民党第二集团军第三军军长，第五集团军第三军军长。1938年7月，任国民党三十五军军团长。1939年2月升任第五集团军总司令。1941年5月，曾万钟率第三、第八十两个军5个师的兵力参加抗击日本侵略军的中条山战役。1942年3月升任第一战区副司令。1945年5月选为国民党第六届中央监察委员。当年退役回滇，参加创建云南省国民党革命委员会。中华人民共和国成立后，先后任民革省委委员、常委，民革省社联副主任，云南省政协第一、二、三届委员，民革中央团结委员会委员。1968年在昆（明）病逝。

❶曾万钟

❷罗占云

罗占云（1910—1948年），大关县天星乡小街人，1910年生，1926年参加革命，1928年加入中国共产党。先后参加

刘远芬

北伐战争、南昌起义、湘南起义、井冈山革命根据地斗争、五次反“围剿”、红军二万五千里长征、抗日战争和解放战争。1948 年初任中国人民解放军淮北军区副司令员。罗占云以“猛将”著称，先后 9 次负伤，左臂残废，荣获中华苏维埃共和国临时中央政府颁发的三等红星奖章。1934 年 10 月，他随中央红军参加了震惊世界的二万五千里长征，于 1935 年 10 月胜利抵达陕北。1935 年 11 月，他参加了直罗镇战役，之后历任陕北作战分区司令员、陕北军事部参谋长等职。1948 年 3 月，粟裕派人护送他到江苏泗洪，任淮北军区副司令员。不久，他终因积劳成疾而病倒，后因病情恶化，于 1948 年 4 月 25 日在淮北军区后方医院逝世，年仅 38 岁。中华人民共和国成立后，罗占云遗体被迁葬南京雨花台革命烈士陵园，以示对英烈的缅怀和纪念。

中华人民共和国成立以来，可歌可泣的英雄人物不断涌现。

秦孝顺（1980—2000 年），2000 年 6 月 21 日，贵州省榕江县发生百年不遇的特大洪灾。在榕县当消防战士的大关人秦孝顺奉命参加抗洪抢险。当他在波涛汹涌的洪水中救起 31 人（其中 2 名战友）时，他却献出了年轻的生命，谱写了一曲子弟兵对党和人民无限忠诚的壮丽之歌。公安部，贵州省委、省政府追授他为“舍己救人好卫士”“无私无畏消防战士”光荣称号。公安部和民政部授予“公安英烈、共和国不会忘记”牌匾。

刘远芬（1963--2005 年），2005 年 3 月 11 日，昭通石油分公司大关乌鸦桥加油站站长刘远芬在送存 5 万多元的营业款途中，遭到歹徒抢劫。她临危不惧，殊死搏斗，与歹徒一起坠落 49 米高的悬崖，英勇牺牲，保护了国家财产。中国石油化工集团公司追授她为“劳动模范”和“巾帼建功标兵”。民政部和云南省政府追认她为“革命烈士”。中共中央宣传部等授予她“全国见义勇为先进个人”称号。原乌鸦桥加油站改为“远芬加油站”。

孔宪章（1913—1989 年），大关县天星人，全国著名爆破英雄。1943 年被国民党抓去当兵，后参加中国人民解放军，经历过解放东北四平、锦州、天津和抗美援朝等战役，立大功三次，荣获毛泽东奖章一枚。1954 年 2 月，孔宪章转业回家后，甘当无名英雄，积极参加家乡的建设。大型革命回忆录《红旗飘飘》专门报道过他的事迹。

安正云（1961—2012 年），彝族，大关翠华镇人，大关县公安局法医。1995 年被评为“云南省优秀技术员”；分别于 1997 年、2000 年、2012 年，三次荣立个人三等功；2008 年被省公安厅评为“云南省优秀技术民警”；2011 被昭通市委授予“全市优秀共产党员”称号；2012 年 7 月，被省公安厅评为“三访三评”深化大走访活动先进个人、被昭通市委授予“创先争优优秀共产党员”称号。2012 年 8 月 30 日，安正云同志因出差期间突发疾病，经抢救无效于 8 月 30 逝世。2013 年 8 月 16 日，公安部追授安正云同志“全国公安系统二级英雄模范”称号。

康富明（1942—2012 年），汉族，大关县木杆镇银吉村人，1942 年 1 月出生，1964 年 4 月加入中国共产党，小学文化，生前系大关县木杆镇银吉村党总支委员、红坪自然村党支部书记。2012 年 5 月 27 日因病逝世。康富明同志入党 48 年来，始终坚守信念、对党忠诚，终身学习、永葆先进，牢记使命、恪尽职守，倾心为民、无私奉献，关心群众、乐于助人，是农村党员的优秀代表，是云南省开展创先争优活动、跨越发展先锋行动中涌现出来的先进典型，是彰显“高远、开放、包容”高原情怀和“坚定、担当、务实”大山品质的云南精神的突出代表。中共云南省委做出决定，追授大关县木杆镇银吉村原党总支委员、红坪自然村原党支部书记康富明同志为优秀共产党员，并号召全省广大党员干部向康富明同志学习。

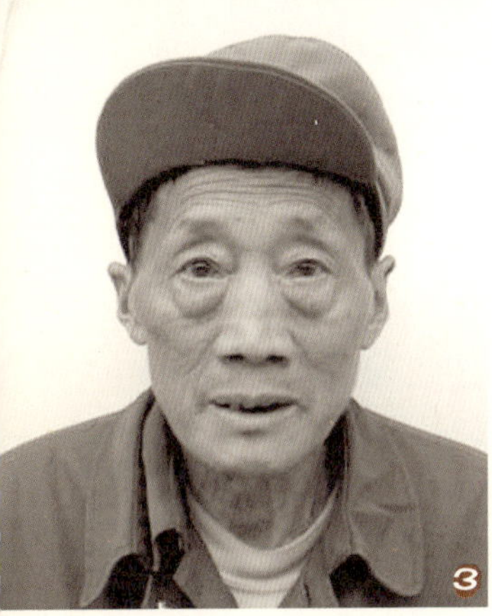

❶ 孔宪章
❷ 安正云
❸ 康富明

诱人的土特产和美食

ZHAOTONG

大关县境内的筇竹多集中在木杆镇三江口一带，面积 7136.16 公顷，占西南地区筇竹面积的 43%，是名副其实的“中国筇竹之乡”。大关境内多森林，林下多生野生天麻，主产于三江口、大佛山、拖木槽、端阳坪等高海拔区。大关气候湿润，二半山有茶树。茶业必将成为大关经济的支撑产业之一。

筇竹笋

筇竹，又称罗汉竹。世界的筇竹集中地在中国西南，而中国西南的筇竹集中地则在大关。大关县境内的筇竹多集中在木杆镇三江口一带，面积 7136.16 公顷，占西南地区筇竹面积的 43%，是名副其实的“中国筇竹之乡”。

筇竹一般长势低矮，高的可达 2~3 米，茎粗 0.02~0.03 米，性喜冬冷夏暖且空气湿度较大的地方，每亩有 800~1700 株。竹竿可制手杖，刻制一些图纹和文字，用当地出产的木漆外涂，很精致。筇竹笋肉厚、质脆、味美，是人们餐桌上的佳肴。当地人采笋后，或晾晒为干笋，或用盐水腌制以保鲜，产品通过“五尺道”远销外地，极受人们青睐。当今，木杆镇笋业发展，年产量达 3000 多吨，农民年采笋收入 200 余万元，加工收入 100 多万元，产品已远销广州、香港，出口日本及东南亚诸国。

❶ 大关筇竹笋

❷ 大关野生天麻

天　麻

大关境内多森林，林下多生野生天麻，主产于三江口、大佛山、拖木槽、端阳坪等高海拔区。天麻有养生及药用价值，用以炖鸡则备受人们称许。因为大关天麻质地纯正，被人们誉为“天下第一、中国第一”，也因为有了“五尺道”而誉享遐迩。

木　漆

大关地势气候适宜漆树生长，山林里到处都有。山民在漆树皮上划口接树浆，制成生漆，用以漆各种家具保护木质，是木器厂家的必用品。

翠华贡茶

大关气候湿润，二半山有茶树。翠华寺僧人长于制茶，

❶ 大关木漆采割
❷ 大关特色食品野生蜂蜜

官府将其精品送朝廷做贡品，僧人到峨眉朝圣也敬献翠华茶，于是便有了“翠华贡茶”之名。嫩芽以清明节前后采制为上品，人称金耳环，取其形弯似环。翠华茶在开水泡后叶片舒展，茶水似碧玉之色。1915 年，翠华茶被送到巴拿马国际博览会参展，获商标二等奖，于是名声大噪。随着社会不断发展，科技不断进步，当今，县内引进杭州龙井制作工艺，翠华贡茶品质提升，1980 年以后，多次被评为省级名茶。2016 年，茶园已扩至 1.5 万亩，两年后将有 3 万亩的规模。县政府招商引资开发名茶取得成功，贵州湄潭百鸟河茶叶公司入驻大关，运用现代技术制作绿茶、红茶多种品种，茶业必将成为大关经济的支撑产业之一。

翠华贡茶

后 记

滔滔关河，翻卷着白色浪花从眼前奔流而去，千万年来，不知它经历了几多春风秋雨；悠悠岁月，又不知它的身旁演绎了多少悲欢故事。

在4000多年前原始社会的新石器时代，人类便已在大关这块土地上生息繁衍。他们磨制石器、打鱼狩猎、采集野果、刀耕火种，于是，便有了后来瓦厂坪、天堂坝出土的石锛、石斧、石刀，便有了关河文明的第一道印迹。

几千年来，关河岸崖上南方丝绸之路称谓数易，容颜几换。从上古之时"蜀身毒道"、秦皇之时"五尺道"、汉武之时"南夷道"，到盛唐之时"石门道"，它既是中央王朝与"西南夷"之间政治军事之要略，也是内地与西南地区经济文化联结之纽带。昔日此道当是人民以血汗筑就，它繁荣了大关、繁荣了西南，那商贾相聚、马帮往来的盛景依然可从岔河、草坝子东汉崖墓的琉璃珠中折射出来。而今，漫漫古道早已被昆水公路、213国道、高等级公路、内昆铁路所取代，在新世纪的国际大通道中，大关面临着又一次的繁荣与腾飞。

大关的历史上，有过灿烂的文化，也有过黑暗的天日。汉晋时，它是朱提文化的一部分，同时又是巴蜀文化、夜郎文化、滇文化的交汇之处，诸葛亮南征，便曾把中原文明的遗迹留在了大关。唐朝以后，大关进入乌蒙时期，境域被爨民所据，宋时朝廷置湖津、西安、靖川、分协县城，夷民屯占荒山，手指为界。元明两朝，大关为乌蒙军屯田之所。整个乌蒙时期，大关都深陷于黑暗的奴隶制之中，彝族土目的争夺，使生产力遭到极大的破坏，阻碍了大关的经济和文化的发展。清雍正时，在乌蒙之地推行“改土归流”，历时数年，充满血腥，大关人民亦惨遭劫难。

走进现代的大关，共产党与反动势力、人民武装与政治土匪的较量异常激烈，为了中华人民共和国的大关，英烈的鲜血也染红过关河之水。1958年，关河两岸的树木被砍伐殆尽，大关的土地在荒凉中哭泣。20世纪60年代后期，大关与祖国一同在风雨中飘摇，关河的文明在横扫中窒息。1974年，强烈地震袭击大关，山崩地裂，屋倒人亡，大关的山河在破碎中呻吟。历史似乎就不愿给大关一个安宁的机会。而今，大关遇到了有史以来的最好时机：国家西部大开发战略和扶贫开发脱贫攻坚工作的大力实施、打通昭通和四川高速公路建设在大关的进行、安定团结的政治局面、人民摆脱贫困的强烈愿望……这一切都让大关看到了希望，大关只有牢牢地抓住它，才能跟上时代的步伐，不被历史所淘汰。

关河的流水，养育了万千的百姓，也造就了众多的人物。既有揭竿而起的农民起义领袖李永和、蓝朝鼎，也有镇压农民起义，围剿太平天国石达开的刽子手唐友耕；既有辛亥革命的川南革命军领导者赵端，也有英勇抗日的爱国知识分子李国清；既有共产党高级将领罗占云，也有国民党高级官员张维翰；既有教育家龚自知，也有爆破英雄孔宪章，见义勇为刘远芬……那一个个风云的名姓随着光荣与耻辱都被凝固在了大关历史的时空中。

大关的过去是贫穷的，但大关的未来将会是富足的，而从过去到未来，从贫穷到富足却需要我们若干代人的艰辛努力。也许我们会像关河水滴般默默无闻，也许我们会像关河浪花样被湮没无痕，但历史注定这一段路要我们走过，那么我们就该鼓起勇气，勇往直前，无怨无悔。在历史的长河中，人的一生何其短暂，享受平静安逸的生活固然不错，但是如果面对二十多万人民的贫困，面对高寒山地孩子们一双双期盼的眼睛，我们多放弃一点舒适，多为人民做一点事情，那么我们的一生也就会多了一些意蕴，我们也就更能无愧于大关的父老乡亲、子孙后代。

翻看历史，当有一种境界。与浩浩历史相比，个人的荣辱酸悲，个人的委屈失意又都算得了什么。对于过去的经验教训，我们记取自警；对于过去的恩恩怨怨，我们不再纠缠；对于过去的是是非非，我们把它看得淡一些，翻过这一页，它就成为历史，我们的兴趣该在新的一页上，该在对大关今天的关注，对大关未来的想象上。

雾拢雾散，云卷云舒。放眼大关的河山，那鱼堡岩汉墓群，大关垴五尺道，李、蓝义军拜旗堡，护法滇军殉难地；那黄荆坝蛮坟、苦寨万人坑、天堂坝汉石室、大湾子烈士墓；那石门关古塔、灵官岩摩崖、黄葛溪铁链、翠屏山营盘，都在长天下肃穆、沉默着。几度风雨，几度夕阳，关河儿女们从这些遗迹中得到了怎样的昭示？

丁酉年春，按照上级安排，编辑《文化昭通·大关》。文联缺人手，于是邀请大关文人参与，文人皆踊跃。拟定提纲一事，十余次易稿，在海惠老师反复指导下完成。然后按提纲选稿，分历史、山水、文化等部分撰写文字，完成初稿24万余字，经几位大关老师把关修改审定成为定稿。然后收集200余幅图片，按文字章节和需要精心编辑。囿于编辑学识水平，加上史料散乱难以收集，本书内容，也许难以容纳大关文化精髓之万一，还望读者包容和指正。

古往今来，多少世事，如斯而逝，唯有这青山不改、关河依旧，关河文化，薪火相传！须知，文化的形成、积累和传承，一代人有一代人的创造和贡献，一代人也有一代人的不足和局限，所以寄希望于有致力于弘扬光大大关文化的来者，百尺竿头更进一步，为繁荣大关文化事业而再创辉煌！

谨用三副对联结束此文：

丝绸南路径古邑，观云台峡谷，洗马晴岚，董峰甘雨，笔架晨晖，龟山烟树，黄连飞爆招游客，山水绚丽；

咽喉西蜀独雄关，看石门铁索，吊桥渔火，龙洞清泉，玉屏夕照，苍岩石燕，罗汉开怀迎杜鹃，城乡新颜。

五尺古道，野壑依云，奇峰幻彩，悬桥飞架路高速，青山绵绵藏金玉，山水奇秀；

朱提新晖，翠屏吐月，瑶草舒颜，钢轨沉铺线内昆，白浪滔滔蕴水能，人文兴盛。

雄关古邑，马蹄声碎沧桑境，清流山林密江河纵横，丝路花雨，英雄遍地谋发展；

锁钥南滇，斗转星移岁月歌，钟灵人文秀，虹桥穿宇，翰墨洒江，精神卓立奔小康。